Appetizer Spanisch

Ideen und Materialien
für themenorientierte
Stundeneinstiege

Britta Book

Verlag an der Ruhr

Impressum

Titel
Appetizer – **Spanisch**
Ideen und Materialien für themenorientierte Stundeneinstiege

Autorin
Britta Book

Titelbildmotive
Gabel: © Artenauta; Servierglocke: © Denys Rudyi;
Flagge: © Tarik GOK; Ober: © rangizzz – alle Fotolia.com

Lektorat
Nadja Prinz, Köln

Druck
AZ Druck und Datentechnik GmbH, Kempten, DE

Verlag an der Ruhr
Mülheim an der Ruhr
www.verlagruhr.de

Geeignet für die Klassen 5–13

Unser Beitrag zum Umweltschutz:
Wir sind seit 2008 ein ÖKOPROFIT®-Betrieb und setzen uns damit aktiv für den Umweltschutz ein. Das ÖKOPROFIT®-Projekt unterstützt Betriebe dabei, die Umwelt durch nachhaltiges Wirtschaften zu entlasten. Unsere Produkte sind grundsätzlich auf chlorfrei gebleichtes und nach Umweltschutzstandards zertifiziertes Papier gedruckt.

Urheberrechtlicher Hinweis:
Das Werk und seine Teile sind urheberrechtlich geschützt. Jede Verwendung in anderen als den gesetzlich zugelassenen Fällen bedarf der vorherigen schriftlichen Einwilligung des Verlages. Im Werk vorhandene Kopiervorlagen dürfen vervielfältigt werden, allerdings nur für jeden Schüler der eigenen Klasse/des eigenen Kurses. Die dazu notwendigen Informationen (Buchtitel, Verlag und Autor) haben wir für Sie als Service bereits mit eingedruckt. Diese Angaben dürfen weder verändert noch entfernt werden. Die Weitergabe von Kopiervorlagen oder Kopien (auch von Ihnen veränderte) an Kollegen, Eltern oder Schüler anderer Klassen/Kurse ist nicht gestattet.

Der Verlag untersagt ausdrücklich das Herstellen von digitalen Kopien, das digitale Speichern und Zurverfügungstellen dieser Materialien in Netzwerken (das gilt auch für Intranets von Schulen und sonstigen Bildungseinrichtungen), per E-Mail, Internet oder sonstigen elektronischen Medien außerhalb der gesetzlichen Grenzen. Kein Verleih. Keine gewerbliche Nutzung. Zuwiderhandlungen werden zivil- und strafrechtlich verfolgt.

Bitte beachten Sie die Informationen unter www.schulbuchkopie.de.

Soweit in diesem Produkt Personen fotografisch abgebildet sind und ihnen von der Redaktion fiktive Namen, Berufe, Dialoge u. Ä. zugeordnet oder diese Personen in bestimmte Kontexte gesetzt werden, dienen diese Zuordnungen und Darstellungen ausschließlich der Veranschaulichung und dem besseren Verständnis des Inhalts.

Trotz sorgfältiger inhaltlicher Kontrolle kann keine Haftung für die Inhalte externer Seiten, auf die mittels eines Links verwiesen wird, übernommen werden. Für den Inhalt der verlinkten Seiten sind ausschließlich deren Betreiber verantwortlich.

© Verlag an der Ruhr 2018
ISBN 978-3-8346-3802-1

Inhaltsverzeichnis

Vorwort 4

Kommunikation

Ficha personal 8
Presentarse........................... 9
La silla caliente...................... 10
Buscar trabajo 12
¿Un muro fronterizo para EE.UU.? 14
España – un país 16
Preguntar 18
Dibujar 19
El mejor viaje 20
¿Perdona, dónde está ...? 21
¿Cómo estás?......................... 23
Sentimientos 24
Conflicto............................. 26
El gusto 28
En la oficina de turismo 30

Wortschatz

Interjecciones........................ 32
Persona fictiva 33
Alimentos............................ 34
Cadena de palabras................... 35
El cuerpo humano 36
Spanglish 37
Traducciones 39
Mi tiempo libre....................... 40
Un e-mail de 41

Grammatik

Imperativo 44
¿Ser o estar?......................... 45
Sueños 47
Oraciones condicionales 48
Tiempos distintos..................... 50
Ir de compras........................ 52
Preposiciones........................ 54
Frases relativas...................... 56
Un día especial...................... 57
Frases............................... 58
Pretérito perfecto.................... 59

Umgang mit Texten und Medien

Poema 62
Como agua para chocolate 64
Trabalenguas 65
La casa de Bernarda Alba 67
Estatua congelada 68
¡Escuchad!........................... 69
Me gustas tú 70
La ciudad del silencio................. 71
Duele el corazón 72
Periódico 73
Entrevista 74
Cómic............................... 75
Horóscopo........................... 77

Interkulturelles Lernen

La conferencia muda 80
Gente en España 81
Diversidad lingüística en España......... 83
Pluralidad en Latinoamérica 85
Todos diferentes 87
Perú 89

Lösungen 91
Medientipps......................... 92

Vorwort

Der moderne kompetenzorientierte Spanischunterricht muss so einiges leisten.
Er soll:
- Mehrsprachigkeit fördern,
- auf authentische Alltagssituationen im Land der Zielsprache vorbereiten und
- allgemein zu eigenverantwortlichem Lernen anregen.

Als erklärtes Leitziel ist alldem die **Vermittlung interkultureller Handlungsfähigkeit** übergeordnet. Für uns als Spanischlehrer* folgt daraus, dass wir die Lernzeit möglichst effizient nutzen müssen, um den Anforderungen des Lehrplans gerecht zu werden und unseren Schülern den Zugang zur spanischsprachigen Welt zu erleichtern.

Funktionen des Unterrichtseinstiegs

Als **eigenständige didaktische Phase** kommt dem Stundeneinstieg in vielerlei Hinsicht besondere Bedeutung zu. Um für den Gesamtverlauf der Stunde zielführend zu sein, erzeugt der Einstieg im Idealfall eine gewisse **Erwartungshaltung**.
Er soll:
- Interesse wecken,
- neugierig machen,
- Ruhe herstellen,
- motivieren,
- Vorwissen aktivieren und
- auf das Thema einstimmen.

Daraus ergibt sich, dass er folgende Prinzipien im Blick haben muss:
- Schülerorientierung,
- Gegenstandsorientierung und
- Methodenorientierung.

Insbesondere für den Spanischunterricht spielt darüber hinaus das „Sich-Einstellen" auf die Fremdsprache zu Beginn des Unterrichts eine wesentliche Rolle, die keineswegs unterschätzt werden darf.
Nehmen wir uns also insbesondere in den ersten Minuten des Unterrichts Zeit, ein **positives Lernklima** zu schaffen. Wir stellen uns ebenso auf eine neue Gruppe ein, wie diese sich auf uns einstellt.

Neue Inhalte, Methoden und Eigenschaften fließen in den Unterricht ein und prägen den weiteren Verlauf der Stunde grundlegend. Lassen wir die Schüler also zunächst einmal im Spanischunterricht „ankommen".

In dieser Sammlung finden Sie Vorschläge für Unterrichtseinstiege, die genau diese Funktionen erfüllen. Dazu zählen sowohl **assoziative, problemorientierte, sinnlich-anschauliche** als auch spielerische und **lehrerzentrierte Einstiege**. Der Schwerpunkt liegt in Anlehnung an den Gemeinsamen Europäischen Referenzrahmen im Sinne der Förderung von kommunikativer Handlungsfähigkeit eindeutig auf der **Mündlichkeit**. Darüber hinaus spielt immer auch die Vermittlung von eigenverantwortlichem Lernen eine wesentliche Rolle.

Viele Übungen zielen im Einstieg zunächst darauf ab, den Lernern die **Hemmung vor dem Fremden zu nehmen** und sie anhand bereits bekannter Wortfelder zum **freien Sprechen** – zumeist in geschütztem Raum – anzuregen.
Einen anderen Zweck erfüllen hingegen die eher themenbezogenen Aufträge, die mit Beispielen aus der spanischsprachigen Musik- und Filmwelt das Interesse der jugendlichen Schüler wecken sollen. Diese bedienen den audiovisuellen Kanal, sodass **Hör- und Sehverstehen** der Lerner auf motivierende Weise geschult werden.

Zielgruppe

Die Einstiege in diesem Band richten sich an **Fremdsprachenlerner der Sekundarstufe I und II**. Die Empfehlungen für die einzelnen Spiele sind bewusst nicht nach Klassenstufen, sondern nach Lernjahren ausgeschrieben und können sowohl für den Spanischunterricht als spät einsetzende Fremdsprache in der Oberstufe als auch für den Beginn in der Unterstufe genutzt werden.

---

* Aus Gründen der besseren Lesbarkeit haben wir in diesem Buch durchgehend die männliche Form verwendet. Natürlich sind damit auch immer Frauen und Mädchen gemeint, also Lehrerinnen, Schülerinnen etc.

Appetizer Spanisch

Vorwort

Gliederung

Die Unterrichtseinstiege sind nach den Kompetenzbereichen für das Fach Spanisch und den zugrunde liegenden Textgattungen gegliedert. Es ergeben sich dadurch **fünf Kapitel**:
- Kommunikation
- Wortschatz
- Grammatik
- Umgang mit Texten und Medien
- Interkulturelles Lernen

Bei jedem Einstieg finden Sie zunächst in einem grauen Kasten eine kurze Übersicht mit Informationen über das **Thema**, das **Ziel** bzw. die geförderten Kompetenzen, das **Lernjahr**, die **Dauer**, die **Sozialform**, das benötigte **Material/die zu verwendenden Medien** und die notwendige **Vorbereitung**. Dann folgen eine knappe **Beschreibung** der Übung, Ideen für eine mögliche **Weiterführung, Varianten** und ggf. unterstützende **Tipps** sowie Impulse für eine abschließende **Reflexion**.
Für den spontanen Einsatz im Unterricht sind Text- und Bildgrundlagen größtenteils als Kopiervorlagen enthalten. An anderen Stellen werden Bezugsquellen genannt, wo Sie entsprechendes Material finden können. **Die zugrunde gelegten Audio- und Video-Dateien finden Sie in der Regel bei YouTube.** Außerdem benötigen Sie bei einigen Spielen die für den Unterricht üblichen Mittel, wie Schreibmaterial, Schere, Klebestift, Würfel, eine Uhr und eine Glocke. Wenn es Ihnen sinnvoll erscheint, können Wörterbücher die Arbeit unterstützen. Zu drei Aufgaben sind außerdem die Lösungen am Ende des Buches angegeben.

Verstehen Sie die vorgeschlagenen Techniken, Methoden und Inhalte als Angebot, aus dem Sie jeweils die für Sie zielführende Kombination auswählen. An vielen Stellen können Sie die Einstiege durch kleinere Änderungen, beispielsweise der Sozialform oder des Schwierigkeitsgrades, ohne großen Aufwand an Ihre Lerngruppe und Ihre Lernziele anpassen. Bestimmen Sie beispielsweise je nach Situation, ob die Metakommunikation zur Reflexion der Stunde in der Fremd- oder der Muttersprache erfolgt. Ein Großteil der Vorschläge ist auch auf anderen Fremdsprachen- oder den Deutschunterricht übertragbar.
Entscheiden Sie als Lehrperson selbst, welche Ideen Ihnen und Ihren Schülern „Appetit" auf Unterricht machen.

Nun wünsche ich Ihnen und Ihren Schülern viel Freude beim **Einsteigen** in Ihren Unterricht!

Britta Book

Kommunikation

© JackF – Fotolia.com

Kommunikation

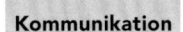

Ficha personal

Thema	Steckbriefe
Ziel/Kompetenzen	persönliche Daten zusammenfassen, Grundwortschatz erweitern
Lernjahr	ab 1
Dauer	ca. 15 Minuten
Sozialform	Einzelarbeit, alle zusammen
Material/Medien	1 DIN-A4-Zettel für jeden Schüler, Klebestreifen oder ggf. Magnete
Vorbereitung	–

Beschreibung In Einzelarbeit erstellen die Schüler Steckbriefe, in denen sie die wesentlichen Informationen über sich festhalten. Hängen Sie die Steckbriefe anschließend mit Klebestreifen oder Magneten im Klassenraum auf und fordern Sie die Lerngruppe dazu auf, sich in einem Galeriegang die Ergebnisse der Mitschüler anzuschauen und sich ggf. über die Inhalte in der Fremdsprache auszutauschen.

Weiterführungen
- Nach dem Galeriegang erhalten die Schüler Gelegenheit, mögliche Nachfragen, z. B. über Hobbys, zu formulieren. Entscheiden Sie selbst, ob diese schließlich im Plenum oder im geschützten Raum beantwortet werden.
- Jeder Schüler verfasst einen Fließtext über sich für eine Schülerzeitung.

Varianten
- Es bietet sich auch an, das Erstellen der Steckbriefe im Rahmen einer vorbereitenden Hausaufgabe auszulagern. In diesem Fall haben die Schüler mehr Gestaltungsmöglichkeiten und können beispielsweise auch ein Foto ergänzen.
- Um ihre Ergebnisse zu präsentieren, können die Schüler auch mit ihrem Steckbrief durch den Raum wandern und sich jeweils einem Partner vorstellen (*s. Presentarse, S. 9*).

Tipp Diese Aufgabe eignet sich auch zur Gruppenbildung nach Interessen. Fordern Sie beispielsweise dazu auf, dass sich die Schüler, die gern reiten, zusammenfinden. Zu große Gruppen müssten dabei ggf. noch einmal geteilt werden.

Reflexion
- Welche Informationen gehören unbedingt in einen Steckbrief? Welche sind eher unwichtig?
- Welche Gemeinsamkeiten habt ihr?

Appetizer Spanisch

Presentarse — Kommunikation

Thema	Angaben zur eigenen Person, Lebenssituation, Hobbys
Ziel/Kompetenzen	sich vorstellen, Informationen in einer Mindmap strukturieren
Lernjahr	ab 1
Dauer	ca. 10 Minuten
Sozialform	Einzelarbeit, Partnerarbeit
Material/Medien	spanische Musik auf CD und Abspielmöglichkeit
Vorbereitung	–

Beschreibung Die Schüler stellen Informationen über sich selbst zusammen und strukturieren diese in einer Mindmap in ihrem Heft. Anschließend wandern sie mit ihrer Mindmap zu spanischer Musik durch den Raum. Stoppen Sie die Musik, sodass sich jeweils zwei Schüler zusammenfinden und mithilfe ihrer Notizen einander vorstellen. Wiederholen Sie dieses Vorgehen, damit sich neue Schülerpaare bilden.

Weiterführungen
- Jeder Schüler stellt abschließend laut in der Klasse einen Mitschüler vor.
- Die Schüler verfassen einen Fließtext über ihre Person als Eintrag für einen Blog.

Varianten
- In Lerngruppen, die sich bereits gut kennen, können sich die Schüler mit Handschlag und kurzem Dialog zur Stunde begrüßen. Dafür notieren die Schüler im Vorfeld Themen, wie Fragen nach dem Befinden, einen Plan für den Tag usw.
- Einzelne Schüler stellen sich laut in der Klasse vor.
- Die Schüler erstellen eine Mindmap zu einer beliebigen Wortfamilie und stellen sich diese gegenseitig vor.
- In fortgeschrittenen Lerngruppen können die Schüler in die Rolle eines Prominenten schlüpfen, den die Mitschüler erraten sollen.

Tipps
- In leistungsschwächeren Lerngruppen empfiehlt es sich, die Informationen über sich selbst zunächst in einem Brainstorming zu sammeln und unstrukturiert zu notieren.
- Die Übung eignet sich besonders für Lerngruppen, die sich noch nicht so gut kennen.

Reflexion Welche neuen Informationen über eure Mitschüler habt ihr erfahren? Was hat euch dabei besonders überrascht?

Kommunikation

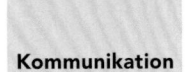

La silla caliente

Thema	spanische Jugendliche und ihr Elternhaus
Ziel/Kompetenzen	in einem Konflikt Stellung beziehen
Lernjahr	ab 3
Dauer	ca. 15 Minuten
Sozialform	Kleingruppen
Material/Medien	ggf. unterstützende Redemittel (KV auf S. 11)
Vorbereitung	Kopieren Sie bei Bedarf die Redemittel auf eine Folie.

Beschreibung — In Kleingruppen erarbeiten die Schüler mögliche Streitpunkte zwischen Jugendlichen und ihren Eltern. In jeder Gruppe schlüpft reihum jeweils ein Schüler in die Rolle eines Jugendlichen und setzt sich auf einen Stuhl in die Mitte. Die anderen Gruppenmitglieder übernehmen (in Mehrfachbesetzung) die Rolle der Eltern, sie kommen auf die Konfliktpunkte zu sprechen und fordern „ihr Kind" zur Stellungnahme auf. Es entwickelt sich ein Streitgespräch, bei dem der Schüler in der Mitte sich rechtfertigt und vehement seinen Standpunkt vertritt. Bieten Sie, wenn nötig, als Hilfestellung das Redematerial auf der Folie an.

Weiterführung — Die Schüler stellen den Streit in Kleingruppen in einem Rollenspiel nach und präsentieren dieses anschließend vor der Klasse.

Varianten
- Um die Redebeiträge in den Kleingruppen zu erhöhen, können Sie eine Einzelarbeitsphase voranstellen, in der jeder für sich persönliche Streitpunkte mit den Eltern in seinem Heft notiert.
- Anhand dieser Übung können sich die Schüler beispielsweise auch kritisch mit der Einwanderungspolitik Spaniens oder der USA auseinandersetzen.

Tipp — Weisen Sie je nach Lernstand vorab darauf hin, dass die Schüler bei Verwendung des verneinten Imperativs auf den *subjuntivo* zurückgreifen müssen. Um den Redefluss der Schüler nicht zu stören, sollten die Fehler aber erst im Anschluss (implizit) korrigiert werden.

Reflexion
- Wie fühlt es sich an, als „Angeklagter" allein gegen eine Gruppe zu argumentieren?
- Wie habt ihr es geschafft, euren Standpunkt zu vertreten? Welche Ausdrücke waren dabei besonders überzeugend?

Redemittel — Kommunikation

Seinen Standpunkt vertreten

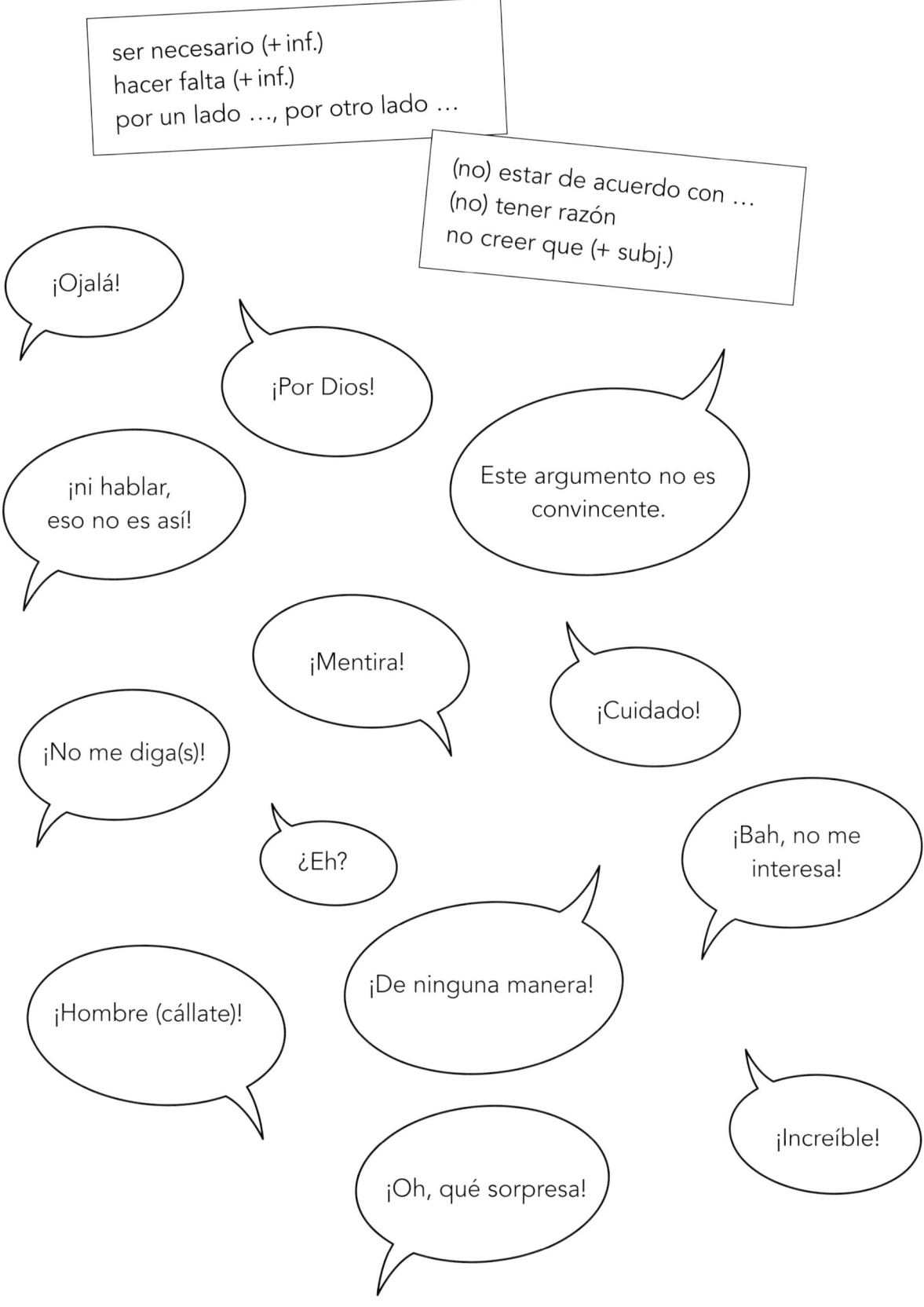

ser necesario (+ inf.)
hacer falta (+ inf.)
por un lado …, por otro lado …

(no) estar de acuerdo con …
(no) tener razón
no creer que (+ subj.)

¡Ojalá!

¡Por Dios!

¡ni hablar, eso no es así!

Este argumento no es convincente.

¡Mentira!

¡Cuidado!

¡No me diga(s)!

¿Eh?

¡Bah, no me interesa!

¡Hombre (cállate)!

¡De ninguna manera!

¡Oh, qué sorpresa!

¡Increíble!

Kommunikation

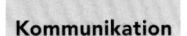

Buscar trabajo

Thema	Berufe
Ziel/Kompetenzen	situations- und rollengerecht sprechen
Lernjahr	ab 2
Dauer	ca. 15 Minuten
Sozialform	alle zusammen
Material/Medien	Rollenkarten (KV auf S. 13)
Vorbereitung	Kopieren Sie die Rollenkarten so, dass jeder Schüler eine Karte erhält und jeweils der Arbeitgeber und der dazu passende Arbeitnehmer vergeben sind.

Beschreibung — Verteilen Sie die Rollenkarten so, dass die eine Hälfte der Klasse eine Karte eines Arbeitnehmers und die andere Hälfte eine Karte eines Arbeitgebers erhält. Die Schüler lesen still für sich ihre Rollenbeschreibung durch und klären im Plenum mögliche Vokabelfragen. Rufen Sie dann dazu auf, durch die Klasse zu wandern und durch Fragen (¿Cómo te llamas?, Cuáles son tus cualidades? ¿Qué empresa tiene usted? ...) jeweils den richtigen Partner zu finden, sodass Arbeitnehmer und Arbeitgeber zusammenpassen. Einzelne Paare stellen sich in der Klasse vor. Wenn Sie eine ungerade Schülerzahl in der Klasse haben, verteilen Sie eine Karte doppelt und lassen Sie eine Gruppe zu dritt arbeiten.

Weiterführung — In einem umfangreichen Projektunterricht können die Schüler ihre Rollen eine Zeit lang behalten und weiter ausarbeiten. Sie beschreiben, wie sie ihren Beruf ausführen, wo sie wohnen und wie sie ihre Freizeit gestalten.

Varianten
- Nachdem sich die Paare gefunden haben, simulieren sie ein Vorstellungsgespräch.
- Die Übung lässt sich, mit kleineren Änderungen an den Rollenkarten, auch im Kontext einer Wohnungssuche durchführen.

Tipp — Diese Übung kann zur Paarbildung für einen weiteren Arbeitsauftrag genutzt werden.

Reflexion
- Wie ist es euch gelungen, euren „Partner" zu finden? Welche Fragen haben euch bei der Suche geholfen?
- Welche Fähigkeiten habt ihr? Welcher Job wäre für euch interessant?

Rollenkarten — Kommunikation

empleado	empleada	empleada
nombre: Marta García edad: 29 años profesión: vendedora cualidades: ordenada estado civil: soltera	nombre: Luisa Corrales edad: 40 años profesión: piloto cualidades: considerada estado civil: casada (1 hijo)	nombre: Juana Serrano edad: 23 años profesión: educadora cualidades: paciente, creativa estado civil: soltera

empleada	empleado	empleado
nombre: Carmen López edad: 51 años profesión: enfermera cualidades: franca, comprensiva estado civil: viuda	nombre: Antonio Bonet edad: 45 años profesión: camarero cualidades: trabajador, amable estado civil: divorciado	nombre: Jorge Alvarez edad: 34 años profesión: vendedor cualidades: estudioso, confiable estado civil: casado (2 hijos)

empleado	empleada	empleada
nombre: Carlos González edad: 32 años profesión: agente cualidades: abierto, comunicativo estado civil: casado	nombre: Lola Gómez edad: 37 años profesión: reportera cualidades: dinámica estado civil: casada (3 hijos)	nombre: Elisa Rodriguez edad: 43 años profesión: panadera cualidades: confiable estado civil: casada

empresaria	empresaria	empresaria
nombre: Blanca Martínez empresa: tienda de ropa	nombre: Mercedes Ortega empresa: guardería	nombre: Concha Ruiz empresa: tienda de té

empresario	empresario	empresario
nombre: Andrés Delgado empresa: compañía aérea	nombre: Javier Muñoz empresa: panadería	nombre: David Sánchez empresa: agencia inmobiliaria

empresario	empresario	empresario
nombre: Lorenzo Díaz empresa: clínica	nombre: Pepe Pérez empresa: restaurante	nombre: Ramón Santiago empresa: periódico

Appetizer Spanisch

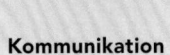

¿Un muro fronterizo para EE.UU.?

Thema	Mauerbau zwischen USA und Mexiko
Ziel/Kompetenzen	sich eine Meinung bilden und diese äußern
Lernjahr	ab 3
Dauer	ca. 10 Minuten
Sozialform	alle zusammen
Material/Medien	2 DIN-A4-Zettel, Klebestreifen, ggf. Redemittel (KV auf S. 15)
Vorbereitung	Beschriften Sie die DIN-A4-Zettel mit *estoy de acuerdo* und *no estoy de acuerdo*. Markieren Sie mit einem Klebestreifen eine Linie auf dem Boden des Raumes und legen Sie jeweils einen Zettel an die beiden Enden der Linie. Kopieren Sie bei Bedarf das unterstützende Sprachmaterial (KV auf S. 15) auf eine Folie.

Beschreibung   Leiten Sie kurz in das Thema der Stunde ein, indem Sie die Schlagzeile „*Muro fronterizo de Estados Unidos – México, de vida o muerte*" an die Tafel schreiben. Bitten Sie dann die Schüler, mithilfe der Meinungslinie auf dem Boden Stellung zu beziehen. Die Schüler sollen aufstehen und sich zunächst still auf der Linie positionieren. Je näher sich ein Schüler bei einem der Zettel positioniert, desto stärker ist er dieser Meinung. Fragen Sie einzelne Schüler, warum sie sich für diese Stelle entschieden haben, und fordern Sie sie zur Begründung ihrer Meinung auf. Stellen Sie den Schülern je nach Lernstand ggf. die Redemittel zur Verfügung.

Weiterführungen
- Lassen Sie die Schüler in unterschiedliche Rollen von Personen schlüpfen, die in die Problematik rund um den Mauerbau involviert sind, und fordern Sie sie zur Durchführung einer Talkshow zum Thema auf. Mögliche Teilnehmer wären die Präsidenten von Mexiko und den USA, ein konservativer US-Amerikaner sowie ein potenzieller Einwanderer aus Mexiko.
- Fordern Sie zu einem Vergleich mit dem Mauerbau zwischen BRD und DDR auf.

Varianten
- Sie können die Meinungsabfrage auch spontan durchführen, indem z. B. die Schüler, die für die Errichtung der Mauer sind, aufstehen.
- Die Methode bietet sich für viele weitere Inhalte an, z. B. auch für die Diskussion um die Unabhängigkeit des Baskenlandes.

Reflexion
- Welche Meinungen wurden besonders überzeugend begründet?
- Wie ist die Begründung der Meinung sprachlich gelungen?

Redemittel

Kommunikation

Dar opinión

ser de la opinión de que …
en mi opinión …
a mi modo de ver …
pensar que …
es obvio que …
los hechos son los siguientes …
las estadísticas dicen que …
toma en cuenta …
hay que tener en cuenta que …
es evidente que …
ser necesario (+ inf.) …
hacer falta (+ inf.) …

sería fantástico/genial/maravilloso/estupendo si pudiéramos/tuviéramos …
es una oportunidad …
por un lado …, por otro lado …

(no) estar de acuerdo con …
(no) tener razón …
no creo que (+ subjuntivo) …
es una tontería …
me da pena pensar en …

Moderar un talk show

¡Bienvenido a nuestro talk show!, el tema de hoy es …; tenemos XX invitados; le doy la palabra a …; ¿qué piensas tú? ¿cuál es tu opinión?; ¿estás de acuerdo?; hemos visto que …; resumiendo se puede decir que …

Kommunikation

España – <u>un</u> país

Thema	Kataloniens Wunsch nach Unabhängigkeit
Ziel/Kompetenzen	das fehlende Einheitsgefühl Spaniens reflektieren
Lernjahr	ab 3
Dauer	ca. 8 Minuten
Sozialform	alle zusammen
Material/Medien	Bild eines Fußballstadions und Plakat (KV auf S. 17), Abspielmöglichkeit für Jubelgeräusche (zu finden auf YouTube)
Vorbereitung	Kopieren Sie das Bild des Fußballstadions mit dem Plakat auf eine Folie.

Beschreibung Präsentieren Sie den Schülern das Bild des gefüllten Fußballstadions sowie das Plakat mit der Aufschrift „Catalonia is not Spain" in Form eines stummen Impulses, sofern Ihre Lerngruppe mit dieser Methode bereits vertraut ist. Regen Sie andernfalls die Diskussion über das fehlende Einheitsgefühl in Spanien an und lassen Sie die Bedeutung des Englischen in diesem Zusammenhang hinterfragen. Unterstützen Sie die Wirkung des Bildimpulses akustisch, indem Sie zusammen mit dem Bild den vereinten spanischen Jubel einspielen.

Weiterführungen
- Schließen Sie eine Erarbeitung an, in der die Schüler selbstständig die Berichterstattung nach dem Gewinn der Fußballweltmeisterschaft 2010 und/oder der Europameisterschaft 2012 recherchieren. Es soll dabei herausgestellt werden, inwieweit die Katalanen mit „ihrem" Land feiern oder sich auch in diesem Moment abgrenzen.
- Zudem bietet sich eine Debatte an zum Thema *¿Tiene el fútbol la capacidad de unificar a los españoles?*.

Variante Spontan lässt sich die Aufschrift des Plakates mithilfe der Tafel auch ohne Bild einsetzen und als Anstoß für die Diskussion nutzen.

Tipp Diese Übung eignet sich sowohl als Einstieg in ein Unterrichtsvorhaben über die Sprachenvielfalt in Spanien als auch für den spontanen Einsatz zwischendurch zur kritischen Reflexion.

Reflexion Welche Rolle spielt der Fußball bzw. der Sport allgemein für die Identität eines Landes?

Bildimpuls — Kommunikation

Kommunikation

Preguntar

Thema	Entscheidungsfragen
Ziel/Kompetenzen	Fragen zur Person stellen
Lernjahr	ab 1
Dauer	ca. 5 Minuten
Sozialform	alle zusammen
Material/Medien	–
Vorbereitung	–

Beschreibung   Formulieren Sie zunächst einige Entscheidungsfragen gemeinsam mit den Schülern über Wohnsituation, Familie, Interessen und Hobbys (z. B. *¿Vives en el centro de la ciudad? ¿Viajas mucho? ¿Te gusta leer? ¿Haces deporte?*). Notieren Sie die Fragen an der Tafel und fordern Sie die Schüler dazu auf, sie in ihr Heft zu übertragen. Anschließend wandern die Schüler mit ihren Heften durch den Raum und interviewen sich gegenseitig mithilfe der Fragen. Beantwortet jemand eine Frage mit *sí*, wird der Schülername notiert. Ein Name darf jedoch nicht mehrmals aufgeschrieben werden. Wer als Erstes zu jeder Frage eine Person gefunden hat, hat gewonnen und ruft laut: „*Listo/-a.*" Er präsentiert der Klasse sein Ergebnis.

Weiterführung   Die Schüler verschriftlichen in Einzelarbeit die Ergebnisse ihrer Umfrage in Form eines Zeitungsberichtes.

Varianten
- Die Übung lässt sich auch mit offenen Fragen durchführen, z. B. zur Überprüfung des Textverständnisses nach einer Lektüre.
- Mit offenen Fragen zur Person (z. B. *¿Qué has hecho el fin de semana?*) lässt sich das Spiel auch mit verbundenen Augen durchführen. Die Schüler wandern durch den Raum und stellen sich gegenseitig drei Fragen, wenn sie sich berühren. Anschließend raten sie, um welche Person es sich handelt, und lösen das Rätsel, indem sie die Augen öffnen.

Tipp   Diese Übung eignet sich zum besseren Kennenlernen ebenso wie zur Einstimmung auf den Spanischunterricht.

Reflexion
- Zu welcher Frage habt ihr zügig jemanden gefunden?
- An welcher Stelle war es eher schwierig?

Dibujar   Kommunikation

Thema	Visualisierung des Stundenthemas
Ziel/Kompetenzen	eine Zeichnung zu einem bestimmten Thema anfertigen
Lernjahr	ab 2
Dauer	ca. 20 Minuten
Sozialform	Kleingruppen, alle zusammen
Material/Medien	1 DIN-A4-Zettel für jede Kleingruppe
Vorbereitung	–

Beschreibung Nennen Sie den Schülern das Thema der Stunde bzw. des bevorstehenden Unterrichtsvorhabens, z. B. *niños en la calle*. Bitten Sie die Schüler nun darum, in Kleingruppen ein gemeinsames Bild zum Thema zu malen. Anschließend präsentieren die Schüler ihre Ergebnisse im Galeriegang. Dabei bilden sich neue Gruppen, sodass jeweils ein Schüler Experte für ein Bild ist. Dieser erklärt den anderen die Gedanken, die sich die Gruppe bei der Zeichnung gemacht hat.

Weiterführung Jeder Schüler ordnet sich dem Bild zu, das ihm am besten gefällt. Das muss nicht das eigene sein. In den daraus entstandenen Gruppen üben die Schüler die dargestellte Szene in einem Rollenspiel ein und präsentieren es anschließend vor der Klasse.

Varianten
- Sie können die Übung abkürzen, indem die Schüler die Zeichnungen in einer vorbereitenden Hausaufgabe in Einzelarbeit anfertigen. Der Galeriegang kann dann zu Beginn der Stunde ebenso in Kleingruppen, aber ohne Experten erfolgen. In ihren Gruppen sehen sich die Schüler die Bilder an und diskutieren Auffälligkeiten und mögliche Fragen.
- Statt der Zeichnung können die Schüler auch mithilfe von Katalogen und Zeitschriften eine Collage anfertigen.

Reflexion
- Wie hat das Zeichnen zu einem bestimmten Thema in einer Gruppe geklappt?
- Vergleicht eure Zeichnungen. Welche Gemeinsamkeiten bzw. Unterschiede stellt ihr fest?

Kommunikation

El mejor viaje

Thema	Spanien und Lateinamerika
Ziel/Kompetenzen	eine Reise planen und vorstellen
Lernjahr	ab 3
Dauer	ca. 20 Minuten
Sozialform	Kleingruppen
Material/Medien	ggf. Landkarten
Vorbereitung	Kopieren Sie bei Bedarf die Landkarten von Spanien und Lateinamerika auf eine Folie.

Beschreibung — Die Schüler planen in Kleingruppen mithilfe ihres Lehrbuchs spontan eine Reise nach Lateinamerika bzw. Spanien. Dabei sollen sie lediglich grob skizzieren, welche Städte und Attraktionen sie besuchen und in welcher Unterkunft sie für einen vorgesehenen Zeitraum (z. B. ein Wochenende) übernachten wollen. Reihum stellen die Schüler ihre Ideen der Klasse vor. Sie können sie dabei unterstützen, indem Sie auf Folie eine entsprechende Landkarte zeigen.

Weiterführung — In Kleingruppen gestalten die Schüler ihre Reiseplanung weiter aus, indem sie Fotos oder zusätzliche Details ergänzen. Dann präsentieren sie ihre Ergebnisse und stimmen abschließend über die beste Reise ab.

Variante — Geben Sie Reiseziele vor, indem Sie Karteikarten mit Städtenamen verteilen, die in die Planung aufgenommen werden sollen.

Tipp — Entscheiden Sie je nach Lerngruppe, ob Sie das Reiseziel vorgeben oder den Arbeitsauftrag entsprechend frei formulieren. Stellen Sie ggf. zusätzliches Bildmaterial aus Reisekatalogen zur Verfügung oder verweisen Sie auf das Lehrbuch.

Reflexion
➤ Welche Reise scheint für euch besonders ansprechend?
➤ Welches andere Reiseziel wäre darüber hinaus für euch persönlich intereressant? Warum?

¿Perdona, dónde está ...?   Kommunikation

Thema	Madrid, Wegbeschreibung
Ziel/Kompetenzen	Wege und Orte beschreiben
Lernjahr	ab 1
Dauer	ca. 15 Minuten
Sozialform	Partnerarbeit
Material/Medien	Attraktionskarten (KV auf S. 22), Stadtplan von Madrid (s. Internet)
Vorbereitung	Kopieren Sie die Attraktionskarten einmal für jedes 2er-Team. Laden Sie zudem einen Stadtplan von Madrid aus dem Internet herunter und vervielfältigen Sie diesen oder kopieren Sie ihn auf eine Folie.

Beschreibung — Die Schüler arbeiten zu zweit zusammen und legen jeweils einen Satz Attraktionskarten verdeckt auf den Tisch. Der erste Schüler zieht eine Karte und beginnt den Dialog, indem er nach dem Weg zu der entsprechenden Sehenswürdigkeit fragt. Der Partner antwortet mithilfe des Stadtplans von Madrid, bevor er die nächste Karte zieht.

Weiterführung — Die Schüler recherchieren selbstständig nach weiteren Sehenswürdigkeiten in Madrid. Sie planen einen Kurztrip und erstellen ein mögliches Programm für ihre Reise.

Varianten
- Die Schüler bearbeiten die Aufgabe in Kleingruppen. Ein Schüler zieht eine Karte. Jeder hält für sich schriftlich die Wegbeschreibung fest. Anschließend vergleichen sie ihre Ergebnisse.
- Die Schüler verfassen in Partnerarbeit einen Dialog, in dem sie den Weg zu den vorgegebenen Sehenswürdigkeiten beschreiben.
- Diese Übung lässt sich spontan auch mit der Heimatstadt der Schüler durchführen. In diesem Fall benötigen Sie vermutlich kein zusätzliches Material.

Tipps
- Diverse Städtekarten sowie Fotos von zusätzlichen Sehenswürdigkeiten können aus dem Internet heruntergeladen werden. Eventuell finden die Schüler die Karten außerdem im Lehrbuch.
- Mithilfe einer entsprechenden Audio-Software (z. B. Audacity) lässt sich zusätzlich ein *audioguía* erstellen.

Reflexion — Welche Sehenswürdigkeiten würdet ihr selbst gern einmal besuchen?

Appetizer Spanisch

Attraktionskarten

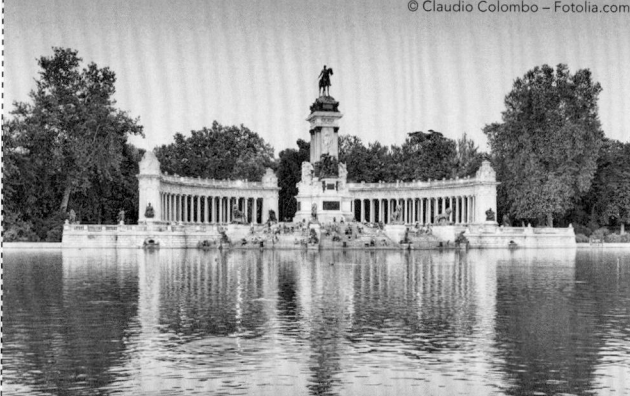

© ArTo – Fotolia.com

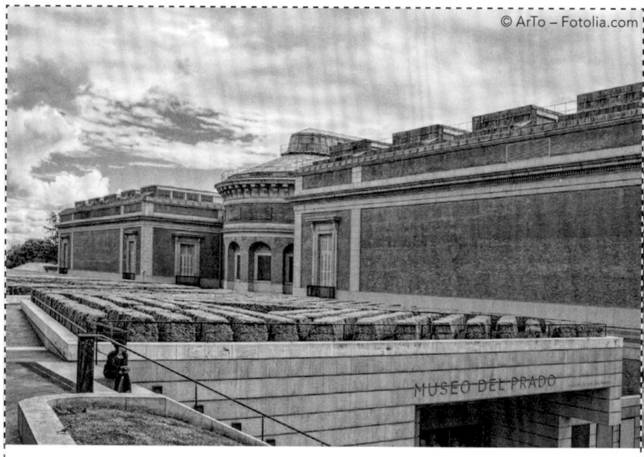

Museo del Prado

© SeanPavonePhoto – Fotolia.com

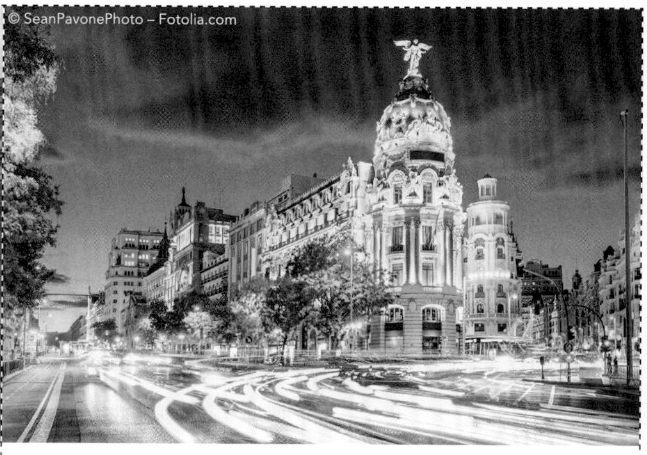

Gran Vía

© Sergii Figurnyi – Fotolia.com

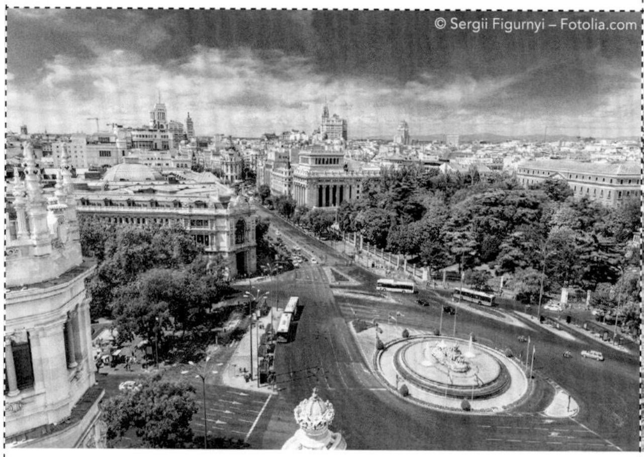

Plaza de Cibeles

© maylat – Fotolia.com

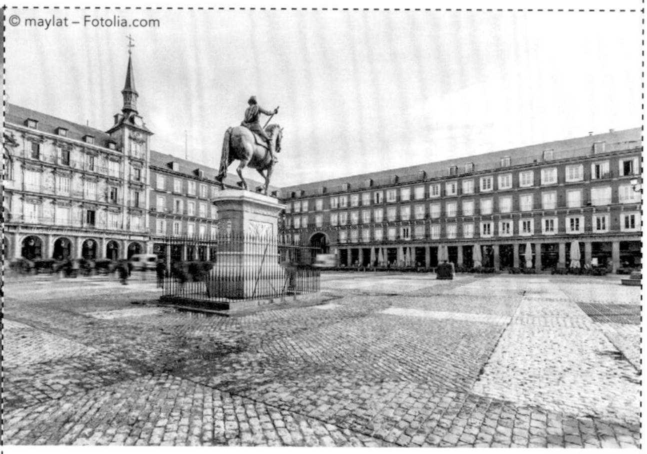

Plaza Mayor

© Claudio Colombo – Fotolia.com

Parque del Buen Retiro

¿Cómo estás?

Kommunikation

Thema	Gefühlslage
Ziel/Kompetenzen	die eigene Stimmung anhand eines Bildes beschreiben
Lernjahr	ab 1
Dauer	ca. 5 Minuten
Sozialform	Partnerarbeit, alle zusammen
Material/Medien	1 Landschaftsbild (z. B. ein Urlaubsfoto) mit unterschiedlichen Ebenen, z. B. mit einem Gebirge, einem Tal, einem Feld und einem See
Vorbereitung	Kopieren Sie das Landschaftsbild auf eine Folie.

Beschreibung Präsentieren Sie das Bild auf der Folie. Die Schüler sollen sich auf dem Bild an einer Stelle der Landschaft positionieren, die ihrer Meinung nach ihre aktuelle Gefühlslage angemessen darstellt. Sie beschreiben dann ihre Stimmung zunächst im geschützten Raum einem Partner und erklären dies anhand des Landschaftsbildes. Im Anschluss sprechen sie in der Klasse darüber, z. B.: *¿Por qué estoy situado aquí en la cumbre?*

Weiterführung Die Schüler formulieren, an welcher Stelle des Bildes sie sich sehen, wenn ihre Stimmung besser ist. Sie machen Vorschläge, welche Themen bzw. Methoden Sie gern in den nächsten Wochen in den Unterricht einbinden wollen, um diese Stimmung zu erreichen.

Variante Sie können auch spontan den Umriss eines Gebirges an die Tafel zeichnen und die Schüler auffordern, sich selbst mit einem Punkt in dieser Landschaft einzuordnen.

Tipps
- Diese Übung bietet sich auch im Anschluss an eine Klassenarbeit oder als Übergang zu einem neuen Unterrichtsvorhaben an.
- Sie können das Bild am Ende der Stunde zur Evaluation erneut nutzen.

Reflexion
- Wie war es für euch, eure aktuelle Stimmungslage auf ein Landschaftsbild zu übertragen?
- Was würdet ihr gern heute im Unterricht tun, um eure Stimmung zu verbessern?

Kommunikation # Sentimientos

Thema	Adjektive
Ziel/Kompetenzen	Situationen und Gefühle beschreiben
Lernjahr	ab 2
Dauer	ca. 10 Minuten
Sozialform	Kleingruppen
Material/Medien	Adjektivkarten (KV auf S. 25)
Vorbereitung	Kopieren Sie die Adjektivkarten einmal für jede Kleingruppe. Laminieren Sie diese ggf.

Beschreibung — Die Schüler finden sich in Kleingruppen zusammen und legen die Adjektivkarten verdeckt auf den Tisch. Der Reihe nach zieht ein Schüler eine Karte, liest das Adjektiv darauf laut vor und beschreibt den anderen eine Situation in der Vergangenheit, in der er sich entsprechend gefühlt hat. Jetzt ist der nächste Schüler an der Reihe und zieht eine Karte.

Weiterführung — Die Schüler suchen gemeinsam weitere Adjektive zur Beschreibung möglicher Gefühle in den bereits genannten oder auch neuen Situationen.

Variante — In leistungsstarken Lerngruppen können die Schüler das Adjektiv leise für sich lesen, damit die Mitschüler es anschließend erraten. In diesem Fall beschreiben die Schüler ihrer Kleingruppe eine passende Situation zu dem gesuchten Adjektiv. Wer es zuerst errät, erhält einen Punkt.

Tipps
- Die Schüler können ihren Gruppenmitgliedern helfen, wenn einem Schüler keine treffende Situation einfällt.
- Entscheiden Sie je nach Lerngruppe, ob die Schüler ihre Adjektivkarte noch einmal tauschen dürfen.
- Die unteren Adjektivkarten können Sie vor allem in leistungsstarken Lerngruppen einsetzen.

Reflexion
- Zu welchen Adjektiven sind euch leicht Situationen eingefallen? Bei welchen war es schwieriger?
- Konntet ihr die Gefühle eurer Mitschüler in den beschriebenen Situationen nachvollziehen? Warum bzw. warum nicht?

Appetizer Spanisch

Adjektivkarten

Kommunikation

confuso/-a	triste	inseguro/-a	cansado
envidioso/-a	entusiasmado/-a	chocado/-a	triunfante
enfadado/-a	desilusionado/-a	alegre	nervioso/-a
confundido/-a	aburrido/-a	sorprendido/-a	preocupado/-a
contento/-a	tímido/-a	agotado/-a	angustiado/-a
disgustado/-a	preocupado/-a	solitario/-a	decepcionado/-a
asustado/-a	avergonzado/-a	alterado/-a	deprimido/-a

Kommunikation

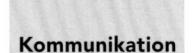

Conflicto

Thema	Streitgespräch
Ziel/Kompetenzen	seinen Standpunkt in einem Konflikt vertreten, in fremde Rollen schlüpfen
Lernjahr	ab 3
Dauer	ca. 15 Minuten
Sozialform	Partnerarbeit
Material/Medien	Tandembogen (KV auf S. 27)
Vorbereitung	Kopieren Sie den Tandembogen einmal für jedes Schülerpaar.

Beschreibung   Die Schüler stellen mithilfe des Tandembogens zu zweit ein Streitgespräch zwischen Sohn bzw. Tochter und einem Elternteil nach. Das zentrale Thema in diesem Konflikt ist typisch für die *generación nini*: Der Jugendliche will nichts für die Schule tun. Der Bogen wird in der Mitte geknickt, sodass jeder Schüler auf seiner Seite sieht, was er auf Spanisch formulieren soll und wie sein Gegenüber sich ausdrücken könnte. Auf diese Weise können sich die Schüler gegenseitig korrigieren. Nach der ersten Runde tauschen die Schüler ihre Rollen.

Weiterführungen
- Die Schüler verfassen selbst ein Streitgespräch, in dem es um Probleme geht, die auch sie selbst betreffen.
- Die Situationen können ebenso in einem Rollenspiel nachgestellt werden.

Tipps
- Jeder Dialog lässt sich in einen Tandembogen umwandeln – auch die von den Schülern selbst erstellten Dialoge.
- Mithilfe des Tandembogens können Sie den Redeanteil der Schüler im Unterricht entscheidend erhöhen.

Reflexion
- Konntet ihr euch leicht in die beiden Personen hineinversetzen? Welche Rolle fiel euch leicht, welche schwer?
- Welche Ausdrücke könnt ihr für einen möglichen Dialog im Land der Zielsprache verwenden?

Tandembogen Kommunikation

A: *madre/padre*	B: *hijo/hija*
Du fragst, was passiert ist, warum dein Kind mit diesem Gesicht kommt.	¿Qué pasa, chico/-a, por qué vienes con esa cara?
Es que estoy cansado/-a. La escuela me aburre. ¿Para qué se necesita las mates? ¡Tenemos una calculadora!	Du sagst, dass du müde bist. Die Schule langweilt dich. Du fragst dich, wofür man Mathe braucht. Ihr habt einen Taschenrechner.
Du stöhnst und beklagst, dass es wie immer ist. Du sagst, dass das Leben kein Zuckerschlecken ist *(no todo es miel sobre hojuelas)*. Dein Kind muss arbeiten. Du sagst, dass das der Schlüssel zum Erfolg ist.	¡Ay, ay, cómo siempre! Pero no todo es miel sobre hojuelas. ¡Tienes que trabajar! Esa es la clave del éxito.
¡Naranjas! Tú solo te fijas en el trabajo y no sabes disfrutar de la vida. Relájate un poquito. Por lo demás desperdiciarás todo lo bello.	Du findest, dass das Quatsch ist. Deine Mutter/dein Vater kümmert sich nur um die Arbeit und kann das Leben gar nicht genießen. Sie/er soll sich ein bisschen entspannen. Sonst wird er/sie noch alles verpassen, was schön ist.
Du findest das wieder typisch. Dein Kind soll nicht so bequem *(comodón/-ona)* sein, sondern stattdessen lieber mal das Zimmer aufräumen und im Haushalt helfen. Das bleibt nämlich immer an dir hängen.	Eso es otra vez típico. ¡No seas tan comodón/-ona! ¡Por el contrario arregla tu habitación y ayúdame en el hogar!
A ver, madre/padre, tranquilo/-a. No puedo hacerlo ahora. Ni lo uno ni lo otro. Voy a encontrarme con Pepe en la ciudad.	Also, die Mutter/der Vater soll sich beruhigen. Du sagst, dass du das jetzt nicht machen kannst. Weder das eine noch das andere *(ni … ni)*. Du triffst dich mit Pepe in der Stadt.
Immer dieser Pepe. Du findest, dass er ein schlecht erzogener Junge ist.	¡Siempre este Pepe! Este muchacho mal educado.
¡En esto no te metas! Estás muy emocionado/-a.	Du sagst, er/sie soll sich da raushalten *(no meterse)*. Deine Mutter/dein Vater übertreibt *(estar emocionado/-a)*.
Du behauptest, dass du nicht übertreibst. Du machst dir Sorgen um dein Kind. Du möchtest, dass er/sie eines Tages Erfolg hat.	¡No estoy emocionado! Me preocupa a mi hijo/-a. Me gusta que un día llegues a tener éxito.
No te preocupes. Todo va sobre ruedas.	Mach dir keine Sorgen. Es ist alles in Butter *(ir sobre ruedas)*.
Sei es, wie es sei. Du möchtest, dass dein Sohn/deine Tochter zuhört und ab sofort Fleiß zeigt. Sonst kündigst du seinen/ihren Handyvertrag *(rescindir)*.	Sea como sea. Oye, quiero que de inmediato te presentes trabajador/a. Por lo demás rescindiré tu contrato de móvil.
Es injusto – como siempre. No necesito tu ayuda. ¡Guárdate tu dinero!	Du findest das wie immer ungerecht. Du sagst, dass du keine Hilfe brauchst und deine Mutter/dein Vater ihr/sein Geld behalten soll.

Kommunikation

El gusto

Thema	Hobbys, Vorlieben
Ziel/Kompetenzen	Gefallen bzw. Missfallen ausdrücken
Lernjahr	ab 1
Dauer	ca. 10 Minuten
Sozialform	Kleingruppen
Material/Medien	Objektkarten (KV auf S. 29), Satzanfänge (KV auf S. 29)
Vorbereitung	Kopieren Sie die Objektkarten einmal für jede Kleingruppe. Kopieren Sie außerdem die möglichen Satzanfänge zur Unterstützung auf eine Folie.

Beschreibung Die Schüler legen in ihren Kleingruppen die Objektkarten verdeckt auf den Tisch. Der Reihe nach ziehen sie jeweils eine Karte und formulieren einen Satz, mit dem sie ihr Gefallen bzw. Missfallen über das „Objekt" zum Ausdruck bringen. Präsentieren Sie dabei die möglichen Satzanfänge als unterstützendes Sprachmaterial auf einer Folie. Die anderen Schüler achten auf sprachliche Richtigkeit und korrigieren, wenn nötig, ihren Mitschüler.

Weiterführungen
- Die Schüler ergänzen weitere Inhalte ihrer Wahl und formulieren entsprechende Sätze.
- Im Anschluss daran bietet sich die Weiterarbeit in Neigungsgruppen an. Es finden sich dafür jeweils die Schüler mit den gleichen Interessen zusammen und stellen ihr Hobby bzw. ihre Vorliebe in einem Kurzreferat den anderen vor.

Varianten
- Die Übung lässt sich ebenso in Einzel- oder Partnerarbeit durchführen.
- Die Schüler können ihre Ergebnisse schriftlich festhalten.

Tipps
- Die Satzanfänge eignen sich auch zur Reflexion einer Methode oder einer Unterrichtsstunde.
- Notieren Sie einen Beispielsatz an der Tafel und weisen Sie auf die Fortführung mit Infinitiven hin. Andernfalls ist unter Umständen der Konjunktiv erforderlich.

Reflexion
- Vergleicht eure Aussagen miteinander. Worin unterscheiden sich eure Vorlieben? Welche ähnlichen Interessen habt ihr?
- Welche Formulierungen habt ihr verwendet?

Objektkarten

Kommunikation

helado	vacaciones	deporte	ir de compras	aprender	bailar	videojuegos
chocolate	ver la tele	fútbol	música	cantar	ir al cine	navegar por internet

Satzanfänge

Me gusta …	No me gusta …
Prefiero …	Detesto …
Quiero …	No quiero …
Me alegro de …	No me alegro de …
Tengo ganas de …	No tengo ganas de …

Kommunikation

En la oficina de turismo

Thema	Dialog im Touristeninformationszentrum
Ziel/Kompetenzen	interkulturelle Handlungsfähigkeit verbessern, situations- und rollengerecht sprechen, Wortschatz erweitern
Lernjahr	ab 3
Dauer	ca. 15 Minuten
Sozialform	alle zusammen, Partnerarbeit
Material/Medien	–
Vorbereitung	–

Beschreibung Schreiben Sie zunächst *Oficina de turismo* in die Mitte der Tafel und fragen Sie die Schüler: *¿Por qué se va en una oficina de turismo?* Strukturieren Sie die Antworten in einer Mindmap an der Tafel. Fordern Sie die Schüler dann dazu auf, in einem Rollenspiel einen Dialog zwischen einem Touristen und einem Angestellten in einem Touristeninformationszentrum nachzustellen. Dabei sollen sie mindestens drei Aspekte von der Tafel aufgreifen.

Weiterführung Die Schüler verschriftlichen ihren Dialog und überarbeiten ihn mit anderen Schülerpaaren in einer Schreibkonferenz.

Varianten
- Die Schüler notieren ihre Ideen auf Karteikarten und heften diese zunächst unsortiert mittels Klebestreifen an die Tafel. Bitten Sie dann einen Moderator nach vorn, der die Karten auf Zuruf der anderen strukturiert.
- Fordern Sie die Schüler zusätzlich auf, Material aus einem Reisebüro oder dem Internet zu ergänzen.

Tipp Diese Übung eignet sich auch als Einstieg in ein Unterrichtsvorhaben, wie z. B. zum Thema Madrid.

Reflexion
- Wie habt ihr euch in eurer Rolle gefühlt?
- Konntet ihr euch gut in die Rolle hineinversetzen?

Wortschatz

© nasir1164 – Fotolia.com

Wortschatz

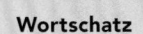

Interjecciones

Thema	Interjektionen
Ziel/Kompetenzen	Interjektionen einüben und wiederholen, Hemmungen abbauen
Lernjahr	ab 1
Dauer	ca. 5 Minuten
Sozialform	alle zusammen
Material/Medien	ggf. Glocke o. Ä.
Vorbereitung	–

Beschreibung — Die Schüler stellen sich hinter ihren Stuhl und schließen zur besseren Konzentration die Augen. Auf ein bestimmtes Signal hin, z. B. das Läuten einer Glocke, oder bei einem vorab vereinbarten Kommando rufen die Schüler wild durcheinander alle spanischen Interjektionen, die sie kennen.

Weiterführung — Die Schüler verfassen einen Dialog, in dem sie möglichst viele Interjektionen verwenden.

Varianten
- Die Interjektionen können z. B. durch Schimpfwörter ersetzt werden.
- Die Schüler finden sich in Kleingruppen zusammen und erhalten pro Gruppe eine Küchenuhr, die auf eine Minute gestellt wird. Ein Schüler nimmt die Uhr, nennt eine Interjektion und gibt die Uhr im Uhrzeigersinn an einen Mitschüler weiter, der daraufhin eine andere Interjektion nennt. Wer die Küchenuhr in der Hand hält, wenn sie abläuft, hat verloren.

Tipps
- Beginnen Sie zum Aufwärmen ggf. mit einer Proberunde, in der die Schüler einmal kurz so laut rufen, wie sie können, um Hemmungen abzubauen.
- Diese Übung eignet sich auch zur Auflockerung nach einer Klassenarbeit oder zum Abbau aggressiver Stimmungen in der Lerngruppe.

Reflexion
- Welche Interjektionen habt ihr verwendet?
- Welche Rolle spielen sie im Spanischen? Vergleicht eure Ergebnisse mit eurem alltäglichen Sprachgebrauch.

Persona fictiva

Wortschatz

Thema	Tagesablauf
Ziel/Kompetenzen	zu einer fiktiven Person persönliche Informationen und einen Tagesablauf formulieren
Lernjahr	ab 1
Dauer	ca. 10 Minuten
Sozialform	Kleingruppen
Material/Medien	1 Foto von einer Person für jede Kleingruppe
Vorbereitung	Schneiden Sie aus einer Zeitschrift für jede Kleingruppe das Foto einer Person aus und kleben Sie es jeweils auf ein DIN-A4-Blatt.

Beschreibung Fordern Sie die Schüler auf, sich in Kleingruppen in einen Stuhlkreis zu setzen. Legen Sie in jeden Kreis ein DIN-A4-Blatt mit dem Foto einer unbekannten Person. Reihum denken sich die Schüler Informationen zu der Person aus und bilden jeweils einen Satz. Nachdem sie einen Namen, einen Beruf und die Lebenssituation beschrieben haben, skizzieren sie einen möglichen Tagesablauf ihrer Person.

Weiterführung Die Schüler verschriftlichen die Ergebnisse.

Varianten
- Die Schüler notieren zunächst Stichworte auf kleine Zettel und legen diese um das Foto herum.
- Die Schüler bringen selbst von zu Hause Fotos mit.
- Die Übung bietet sich auch für die schriftliche Durchführung in Einzelarbeit an.

Tipp Es empfiehlt sich insbesondere bei Lernanfängern, folgende Stichpunkte an der Tafel zu notieren: *nombre, edad, profesión, familia, día normal*.

Reflexion
- Welche Ideen konntet ihr gut formulieren? Welche Schwierigkeiten haben sich ergeben?
- Hättet ihr die Person gern zum Freund? Warum bzw. warum nicht?

Wortschatz: Alimentos

Thema	Lebensmittel, spanisches Alphabet
Ziel/Kompetenzen	Vokabeln zum Wortfeld *alimentos* sammeln
Lernjahr	ab 1
Dauer	ca. 10 Minuten
Sozialform	Einzel- und Partnerarbeit
Material/Medien	–
Vorbereitung	–

Beschreibung — Fordern Sie die Schüler dazu auf, das spanische Alphabet so in ihre Hefte zu schreiben, dass die Buchstaben untereinanderstehen und für jeden Buchstaben jeweils eine Zeile zur Verfügung steht. In Einzelarbeit tragen die Schüler zu dem Oberbegriff *alimentos* jeweils ein Wort zu jedem Anfangsbuchstaben des Alphabets in ihr Heft ein. Anschließend finden sich die Schüler zu zweit zusammen, vergleichen ihre Ergebnisse und ergänzen, wenn nötig. Im Plenum werden schließlich alle Wörter gesammelt und an der Tafel notiert.

Weiterführung — Schließen Sie eine Anwendungsphase an, in der die Schüler in Kleingruppen Verkaufsgespräche über die Lebensmittel im Supermarkt oder auf dem Wochenmarkt simulieren.

Varianten
- Das Wortfeld *alimentos* ist beliebig austauschbar. Ebenso eignet sich z. B. *animales*.
- In Form eines Wettspiels tragen die Schüler möglichst viele Wörter zu jedem Anfangsbuchstaben zusammen. Wer die meisten korrekten Wörter notiert hat, gewinnt.

Tipp — Rufen Sie gemäß dem Prinzip der individuellen Förderung einen leistungsstarken Schüler an die Tafel, um die Ergebnisse festzuhalten.

Reflexion — Zu welchem Anfangsbuchstaben habt ihr besonders leicht Wörter gefunden? Bei welchen war es eher schwierig?

Cadena de palabras — Wortschatz

Thema	Vokabeln
Ziel/Kompetenzen	Wortschatz erweitern
Lernjahr	ab 1
Dauer	ca. 10 Minuten
Sozialform	alle zusammen
Material/Medien	–
Vorbereitung	–

Beschreibung Ein Schüler nennt eine Vokabel aus der letzten Lektion, z. B. *aprender*. Er ruft einen Mitschüler auf, der sich meldet, und eine Vokabel nennen soll, die mit dem letzten Buchstaben von *aprender* beginnt. Die Schüler führen die Wortkette weiter, bis ihnen nichts mehr einfällt, und beginnen dann ggf. mit einer neuen Vokabel.

Weiterführung Die Schüler wählen aus den genannten Begriffen fünf aus und verfassen in Partnerarbeit eine Geschichte, in der diese Begriffe mindestens einmal genannt werden.

Varianten
- Sie können den Schwierigkeitsgrad erhöhen, indem Sie den Bereich, aus dem die Wörter stammen sollen, inhaltlich einschränken, so sollen die Schüler z. B. nur typische spanische Namen nennen oder nur Wörter einer bestimmten Wortart.
- Die Übung kann auch in Kleingruppen durchgeführt werden. Die Schüler bilden einen Kreis und sind der Reihe nach im Uhrzeigersinn dran.
- Schriftlich erhält die Übung Wettbewerbscharakter, wenn die Schüler die Wortkette fortführen, bis Sie „Stop!" rufen. Wer die meisten Begriffe korrekt notiert hat, hat gewonnen.

Tipp Diese Übung eignet sich besonders zur Einstimmung auf den Spanischunterricht nach den Ferien und zur Auflockerung nach einer Klassenarbeit.

Reflexion
- Mit welchen Anfangsbuchstaben habt ihr zügig Begriffe gefunden? Bei welchen war es eher schwierig?
- Wie ist es im Deutschen mit diesen Anfangsbuchstaben?

Wortschatz: El cuerpo humano

Thema	Wortfeld *el cuerpo humano*
Ziel/Kompetenzen	Wortschatz erweitern
Lernjahr	ab 1
Dauer	ca. 10 Minuten
Sozialform	alle zusammen
Material/Medien	1 Folie
Vorbereitung	Zeichnen Sie den Umriss eines Menschen auf eine Folie.

Beschreibung Erzählen Sie den Schülern, dass es Ihnen heute nicht gut geht, weil Sie z. B. schlecht geschlafen haben und verspannt sind. Beschreiben Sie, welche Körperteile schmerzen, und schlagen Sie vor, gemeinsam einige Gymnastikübungen zu machen, um Ihren Zustand zu verbessern.
Auf diese Weise führen Sie das themenspezifische Vokabular ein, z. B. *cabeza, espalda, boca, ojo, dedo, pierna, pie, brazo, oreja, cadera, rodilla, nariz*. Nutzen Sie dafür die vorbereitete Folie, indem Sie jeweils das Wort an die entsprechende Stelle des Körpers schreiben. Fordern Sie die Schüler auf, aufzustehen und beispielsweise den Kopf zu drehen, die Schultern zu kreisen und die Finger zu spreizen.

Weiterführung Lassen Sie die Schüler in Partnerarbeit einen Dialog zwischen einem Patienten und einem Arzt verfassen. In diesem beklagt sich der Patient über Schmerzen an den verschiedenen, zuvor eingeführten Stellen des Körpers.

Variante Die Gymnastikübungen können auch von den Schülern vorgeschlagen bzw. ergänzt werden.

Reflexion
➤ Welche Vokabeln habt ihr euch bereits gut eingeprägt? Wie erklärt ihr euch das?
➤ Was ergibt sich daraus für euer Vokabellernen zu Hause?

Spanglish — Wortschatz

Thema	Wortbildung
Ziel/Kompetenzen	Wortbildungsmuster erschließen
Lernjahr	ab 1
Dauer	ca. 15 Minuten
Sozialform	alle zusammen
Material/Medien	Begriffskarten (KV auf S. 38), Glocke o. Ä.
Vorbereitung	Kopieren Sie die Begriffskarten und zerschneiden Sie diese, sodass jedem Schüler eine Karte zur Verfügung steht. Verteilen Sie notfalls einzelne Begriffe doppelt.

Beschreibung Jeder Schüler zieht eine Karte und liest seinen „spanglischen" Begriff. Dann bildet die eine Hälfte der Klasse einen großen, äußeren Stuhlkreis. Die andere Hälfte bildet entsprechend dazu einen Innenkreis, sodass sich jeweils zwei Schüler gegenübersitzen. Auf ein Signal hin (Glocke) teilen sich jeweils zwei Schüler ihre Begriffe mit und diskutieren über deren Bedeutung und Verwendung. Auf ein weiteres Signal hin dreht sich der Innenkreis im Uhrzeigersinn weiter, sodass sich jeweils zwei neue Schüler gegenübersitzen. Auch sie tauschen sich wiederum mündlich über ihre Begriffe aus, bevor der Innenkreis wieder dreht usw. Abschließend notiert jeder Schüler für sich in seinem Heft alle Begriffe, an die er sich erinnert. Klassensieger ist, wer am meisten Begriffe korrekt notiert hat.

Weiterführung
- Jeweils zu zweit erarbeiten die Schüler die Bedeutung der Begriffe und schreiben diese in eine Tabelle in ihr Heft.
- Anschließend vervollständigen sie die Liste eigenständig mit weiteren Begriffen aus dem Internet.

Variante Diese Übung lässt sich zur Wiederholung von Vokabeln z. B. auch mit Begriffen des letzten Lektionstextes durchführen. In diesem Fall umschreiben die Schüler einen bereits bekannten Begriff in der Fremdsprache.

Reflexion
- Welche Begriffe konntet ihr euch gut einprägen? Welche schlecht?
- Wie erklärt ihr euch die Entstehung von Spanglish? Wie funktioniert die Zusammensetzung? Vergleicht es mit der Adaption von englischen Begriffen im Deutschen.

Wortschatz | Begriffskarten

drinquear	lonchear	la carpeta	los dishes
priti	el freezer	e-mailear	parquear
watchar	agriar	minar	los brakes
ir de shopping	la marqueta	chequear	forgetear
lodear	vacumear	footing	disapuntar
el carro	el ticket	la yarda	mopear

Traducciones — Wortschatz

Thema	Übersetzen
Ziel/Kompetenzen	Differenzen sprachlicher Strukturen erkennen
Lernjahr	ab 3
Dauer	ca. 10 Minuten
Sozialform	Gruppen (ca. 6 Schüler)
Material/Medien	1 DIN-A4-Zettel für jeden Schüler
Vorbereitung	–

Beschreibung — Die Schüler finden sich in Gruppen von ca. 6 Personen zusammen. Zunächst notiert jeder Schüler still für sich einen Satz auf Deutsch oben auf seinem Zettel. Diesen übergibt er dann im Uhrzeigersinn an einen Mitschüler. Der übersetzt nun den Satz ins Spanische und notiert das Ergebnis direkt darunter. Bevor er schließlich den Zettel wieder weitergibt, knickt er den Ausgangssatz weg, sodass der nächste Schüler nur den spanischen Satz sieht und ihn wiederum ins Deutsche übersetzt usw., bis der Zettel gefüllt ist.

Weiterführung — Es bietet sich eine gesammelte Fehlerkorrektur sowie eine anschließende Diskussion über die Schwierigkeiten des Übersetzens an. Thematisieren Sie im Plenum, welche Probleme sich vermutlich vor allem beim *indicativo* und *imperfecto* ergeben haben.

Varianten
- Diese Übung kann auch mündlich nach dem Prinzip von „Stille Post" durchgeführt werden.
- Wollen Sie die Übung ausschließlich auf Spanisch durchführen, können die Schüler zunächst einen Begriff notieren. Der folgende Schüler notiert darunter eine Erklärung des Begriffs und knickt anschließend den Begriff weg. Der nächste muss nach einem treffenden Begriff zur Erklärung suchen usw. Diese Variante eignet sich besonders für leistungsstarke Lerngruppen.

Tipp — Es kann hilfreich sein, vorab einen Beispielsatz an die Tafel zu schreiben bzw. je nach Lerngruppe vorzugeben, ob es sich um einen einfachen Hauptsatz handeln soll oder auch Gliedsätze ergänzt werden sollen.

Reflexion — Vergleicht jeweils die Sätze einer Sprache auf einem Zettel. Welche Abweichungen ergeben sich? Wie erklärt ihr euch das?

Wortschatz

Mi tiempo libre

Thema	Freizeitbeschäftigungen
Ziel/Kompetenzen	die eigene Freizeitbeschäftigung beschreiben
Lernjahr	ab 1
Dauer	ca. 15 Minuten
Sozialform	Einzelarbeit, Partnerarbeit
Material/Medien	1 DIN-A5-Zettel für jeden Schüler
Vorbereitung	–

Beschreibung Verteilen Sie an jeden Schüler einen DIN-A5-Zettel. Die Schüler verfassen in Einzelarbeit einen kurzen Text über ihre liebsten Freizeitbeschäftigungen. Sammeln Sie die Texte anschließend ein, mischen Sie sie durch und teilen Sie sie erneut aus, sodass jeder Schüler einen fremden Text vor sich hat. Die Schüler überlegen still für sich, wer welchen Text verfasst haben könnte. Wer eine Idee hat, begibt sich mit dem Text zu dem möglichen Verfasser und gibt seinen Tipp ab. Die Suche wird so lange fortgeführt, bis alle Urheber ermittelt sind.

Weiterführung Die Schüler überarbeiten ihre Texte in einer Schreibkonferenz.

Variante Das Thema des Textes ist beliebig austauschbar. So bieten sich z. B. auch Lieblingsfächer oder Lieblingstiere an.

Tipps
- ➤ Es empfiehlt sich, vorab die Textlänge ungefähr einzuschränken (5 frases).
- ➤ Die Übung eignet sich zur Gruppenbildung. So finden sich z. B. alle Schüler die gerne ins Kino gehen, in einer Gruppe zusammen.

Reflexion
- ➤ Welche Freizeitbeschäftigungen kommen mehrmals vor in eurer Klasse? Welche sind eher selten?
- ➤ War es leicht für euch, den Verfasser des Textes zu erraten? Welche Hinweise haben euch geholfen?

Un e-mail de …

Wortschatz

Thema	E-Mail
Ziel/Kompetenzen	mithilfe vorgegebener Schlüsselwörter eine E-Mail verfassen
Lernjahr	ab 2
Dauer	ca. 10 Minuten
Sozialform	Einzelarbeit
Material/Medien	1 Folie mit einigen Schlüsselwörtern
Vorbereitung	Schreiben Sie einige ausgewählte Schlüsselwörter auf eine Folie. Kopieren Sie bei Bedarf die unterstützenden Redemittel zum Verfassen einer E-Mail (KV auf S. 42) auf eine Folie.

Beschreibung — Präsentieren Sie den Schülern einige Schlüsselwörter auf einer Folie (z. B. *sol, perro, vacaciones, triste, móvil, trabajar*). Nun sollen die Schüler in Einzelarbeit eine E-Mail an einen beliebigen Adressaten verfassen, in der sie diese Begriffe mindestens einmal verwenden. Stellen Sie dabei ggf. das unterstützende Sprachmaterial zur Verfügung.

Weiterführungen
- Die Schüler tauschen ihre Hefte mit einem Partner und korrigieren sich gegenseitig ihre Texte oder bearbeiten sie in einer Schreibkonferenz.
- Anschließend verfassen sie jeweils eine E-Mail als entsprechende Antwort.

Varianten
- Die Schüler nennen vorab selbst willkürlich einige Begriffe, ohne dass sie wissen, worum es im Folgenden geht.
- Die Übung bietet sich auch für andere Textformen an.

Tipp — Erhöhen Sie den Schwierigkeitsgrad, indem Sie vorgeben, dass die Schüler in der E-Mail z. B. vom vergangenen Wochenende berichten sollen.

Reflexion
- Welche Begriffe ließen sich gut in die E-Mail aufnehmen? Bei welchen war das eher schwierig?
- Inwiefern würde sich der Inhalt ändern, wenn ihr die E-Mail an einen anderen Adressaten schreiben würdet?

Wortschatz — Redemittel

Escribir un e-mail

Estilo familiar

Querido/-a …

Acabo de recibir tu e-mail. ☺
Gracias por tu e-mail.
Aquí, por fin, la respuesta a tu e-mail. ☺
¿Cómo estás? Espero que bien. Yo …
¿Qué tal? / ¿Cómo te va? / ¿Cómo estás?
¿Sigues (+ gerundio …)? ☺
Te escribo este e-mail para/porque … ☺

Un (fuerte) abrazo,
Un beso,
(Muchos) besos,
Hasta pronto,

Estilo formal

Muy señor/a mío/-a: (Muy Sr./Sra. mío/-a:)
Muy señores míos … Muy señor/a nuestro/-a …
Distinguido/-a señor/a … Estimado/-a señor/a …

Me dirijo a usted(es) para …
Por la presente le(s) agradezco su …
En respuesta/contestación a su e-mail en el cual …
Acuso recibo de su e-mail …
Con referencia a nuestra conversación telefónica, …

Atentamente,
Le(s) saluda atentamente,
A la espera de sus noticias, le(s) saluda atentamente,
A la espera de su pronta respuesta, le(s) saluda atentamente,
Agradeciéndole de antemano su cooperación, le(s) saluda atentamente,

Grammatik

Grammatik

Imperativo

Thema	bejahter Imperativ
Ziel/Kompetenzen	die Bildung des bejahten Imperativs erarbeiten und anwenden
Lernjahr	ab 1
Dauer	ca. 10 Minuten
Sozialform	alle zusammen
Material/Medien	spanische Musik und Abspielmöglichkeit
Vorbereitung	–

Beschreibung   Die Schüler wandern zu spanischer Musik durch den Raum. Jedes Mal, wenn Sie die Musik stoppen, geben Sie unterschiedliche Anweisungen, z. B. *¡Dad un paso atrás!, ¡Conjugad el verbo …!, ¡Saltad con una pierna!*, die die Schüler gemeinsam ausführen. Lassen Sie anschließend die Schüler die Anweisungen formulieren. Dazu denkt sich der Reihe nach jeder Schüler eine Anweisung aus und fordert die Mitschüler zur Ausführung auf.

Weiterführung   In Kleingruppen führen die Schüler Rollenspiele durch, in denen es um Konflikte zwischen Jugendlichen und ihren Eltern geht. Die Eltern geben immer wieder Befehle, was zu Meinungsverschiedenheiten führt.

Variante   Alternativ können Sie auch die Singularform thematisieren, indem Sie jeweils einen Schüler aufrufen und Einzelaufträge erteilen.

Tipp   Die Übung eignet sich zur induktiven Einführung des Imperativs ebenso wie zu seiner Anwendung und Festigung – wenn er bereits bekannt ist.

Reflexion
- ➤ Wie wird der bejahte Imperativ gebildet? Formuliert die entsprechenden Regeln.
- ➤ Formuliert weitere Befehle in Singular und Plural.

¿Ser o estar? *Grammatik*

Thema	Kontrastive Verwendung der Verben *ser* und *estar*
Ziel/Kompetenzen	den kontrastiven Gebrauch der Verben *ser* und *estar* erarbeiten
Lernjahr	ab 1
Dauer	ca. 10 Minuten
Sozialform	Einzelarbeit, alle zusammen
Material/Medien	Beispielsätze (KV auf S. 46)
Vorbereitung	Kopieren Sie die Beispielsätze auf eine Folie.

Beschreibung   Präsentieren Sie die Beispielsätze mit *ser* und *estar* auf einer Folie und rufen Sie die Schüler zur stillen Lektüre und Abschrift auf. Geben Sie anschließend den Auftrag, in Einzelarbeit die Prädikate zu markieren. Fordern Sie dann im Plenum dazu auf, die Sätze vorzulesen und das zugrunde liegende grammatische Phänomen zunächst mit eigenen Worten zu beschreiben.

Weiterführung   Die Schüler formulieren ähnliche Sätze mit *ser* und *estar*. Notieren Sie diese an der Tafel und fordern Sie zur Abschrift auf.

Variante   In leistungsschwächeren Lerngruppen oder um Zeit zu sparen, können Sie die Markierung der Prädikate auch vorwegnehmen.

Tipp   Mit dieser Übung können sich die Schüler – in einer ersten Begegnung mit dem Thema – die Regeln für den kontrastiven Gebrauch der Verben *ser* und *estar* induktiv erarbeiten.

Reflexion
- Welche unterschiedlichen Bedeutungen von *ser* und *estar* ergeben sich hier?
- In welchem Kontext wird *ser*, in welchem wird *estar* verwendet? Formuliert die entsprechenden Regeln.

Grammatik

Beispielsätze

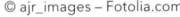

Este chico joven es Pablo.

Es español.

Es de España, de Valencia.

Es alto, moreno y musculoso.

Es muy inteligente.

Es el amigo español de Monika.

Es fotógrafo.

Hoy está en Madrid.

Está con su amiga Monika.

Está muy contento porque está de viaje.

Esta chica joven es Svenja.

Es alemana.

Es de Alemania, de Hamburgo.

Es baja, rubia y delgada.

Es muy simpática y guapa.

Es la amiga alemana de Pedro.

Es traductora.

Hoy está en Madrid.

Está de viaje con Pedro.

Es feliz, pero no está bien. Le duele la cabeza.

Sueños — Grammatik

Thema	*subjuntivo*, Wünsche
Ziel/Kompetenzen	Wunschvorstellungen formulieren
Lernjahr	ab 2
Dauer	5–10 Minuten
Sozialform	alle zusammen
Material/Medien	–
Vorbereitung	–

Beschreibung — Notieren Sie zunächst den Satzanfang *Una vida perfecta para mí es que … / Deseo que …* (z. B.: *Una vida perfecta para mí es que toda la gente esté bien.*) an der Tafel. Fordern Sie anschließend zu einem Blitzlicht auf, sodass die Schüler der Reihe nach laut diesen Satz vollenden.

Weiterführung — Die Schüler erstellen eine Collage zum Thema oder notieren ihren Satz auf einer Karteikarte und sortieren die Karten später gemeinsam nach Kategorien.

Varianten
- Weitere Satzanfänge sind möglich, z. B.: *De mi novio ideal quiero que …*
- Aufwändiger wird es, wenn die Schüler in Kleingruppen ein Placemat (KV auf S. 90) zum Thema erstellen, bei dem sich der oben genannte Satz in der Mitte befindet.

Tipp — Entscheiden Sie je nach Lernstand, ob die Schüler sich zunächst zu zweit beraten sollen und ob sie den Satz schriftlich festhalten dürfen.

Reflexion
- Wie habt ihr eure Wünsche formuliert? Notiert Beispiele an der Tafel.
- Habt ihr ähnliche Träume oder unterscheiden sich eure Wunschvorstellungen voneinander?

Grammatik

Oraciones condicionales

Thema	Konditionalsätze
Ziel/Kompetenzen	reale Konditionalsätze bilden
Lernjahr	ab 2
Dauer	ca. 10 Minuten
Sozialform	Kleingruppen
Material/Medien	Spielfeld (KV auf S. 49), 1 Würfel für jede Gruppe
Vorbereitung	Kopieren Sie das Spielfeld einmal für jede Kleingruppe.

Beschreibung Die Schüler setzen sich in Kleingruppen zusammen und erhalten jeweils ein Spielfeld sowie einen Würfel. Ein Schüler beginnt mit dem Würfeln und erhält entsprechend der Augenzahl eine Bedingung aus dem Innenkreis, zu der er mithilfe der Vorschläge aus dem äußeren Kreis einen sinnvollen Konditionalsatz bilden soll. Stimmt die Gruppe dem Satz inhaltlich und sprachlich zu, ist der nächste Schüler an der Reihe.

Weiterführung Die Schüler verschriftlichen in ihrer Gruppe alle gebildeten Konditionalsätze und vergleichen ihre Ergebnisse mit denen einer anderen Gruppe. Sie ergänzen ihre Liste um weitere Beispiele.

Varianten
- Mehr Spannung bauen Sie auf, wenn nach dem Würfeln eine Sanduhr die Zeit für die Bildung des Satzes einschränkt.
- Sie können auch ohne Spielfeld spielen, indem Sie die Vorschläge an die Tafel schreiben und ggf. durch eigene Ideen ersetzen.

Tipp Die Übung eignet sich zur Einübung bzw. zur Wiederholung der realen Bedingungssätze. Sie lässt sich bei fortgeschrittenen Lernern auch mit irrealen Konditionalsätzen durchführen.

Reflexion
- Welche Bedingungen konntet ihr leicht fortführen? Welche waren schwieriger? Woran liegt das?
- Vergleicht die Strukturen der spanischen Konditionalsätze mit den *if-clauses* im Englischen.

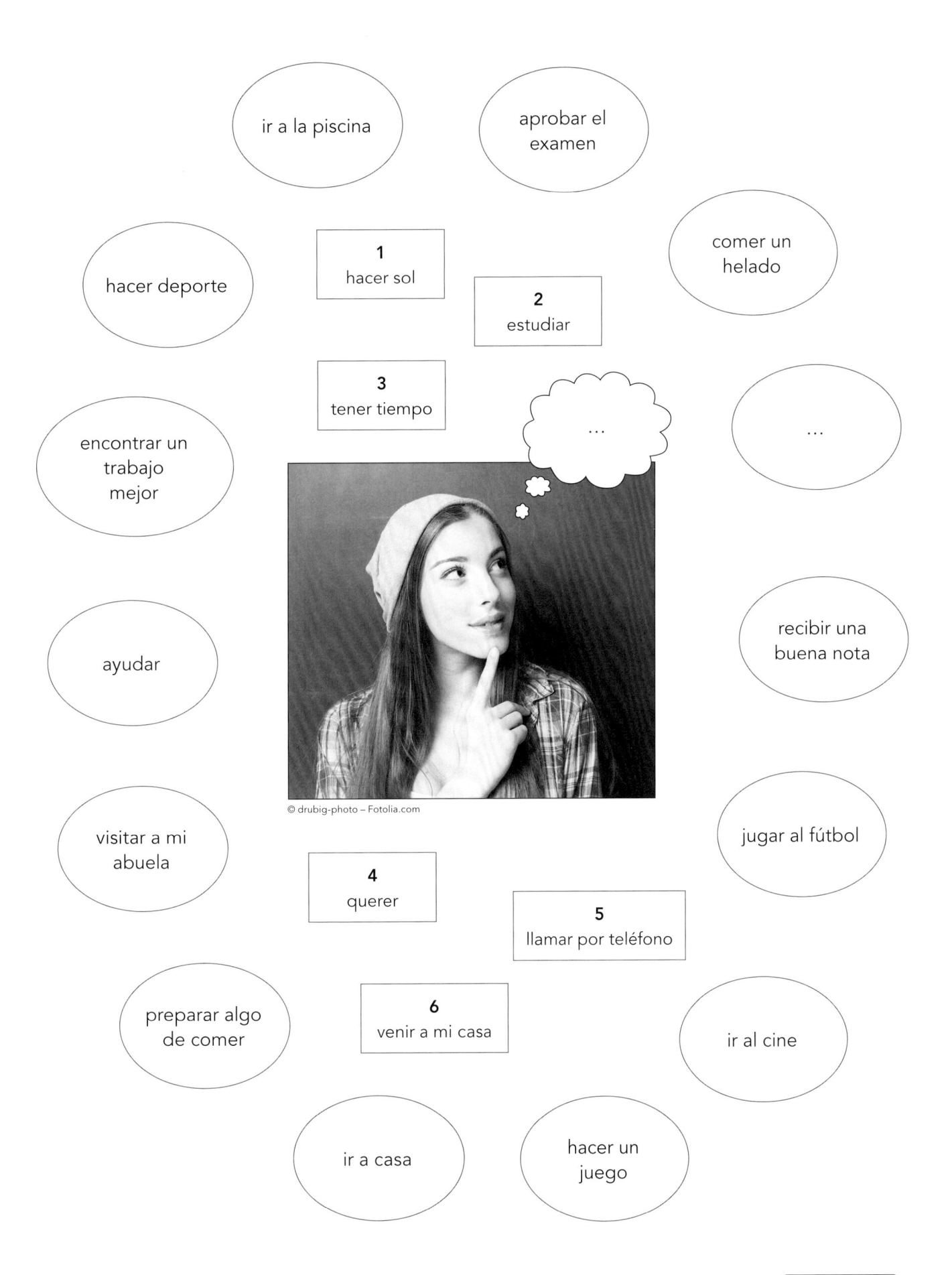

Spielfeld Grammatik

ir a la piscina

aprobar el examen

hacer deporte

1 hacer sol

2 estudiar

comer un helado

3 tener tiempo

…

…

encontrar un trabajo mejor

ayudar

recibir una buena nota

visitar a mi abuela

jugar al fútbol

4 querer

5 llamar por teléfono

preparar algo de comer

6 venir a mi casa

ir al cine

ir a casa

hacer un juego

Appetizer Spanisch

Grammatik
Tiempos distintos

Thema	die Zeitformen des Verbs
Ziel/Kompetenzen	einen Satz an unterschiedliche Zeitangaben anpassen
Lernjahr	ab 2
Dauer	ca. 10 Minuten
Sozialform	Kleingruppen
Material/Medien	1 Satz Kärtchen mit Zeitangaben pro Kleingruppe
Vorbereitung	Kopieren Sie einmal für jede Kleingruppe die Kärtchen mit den Zeitangaben (KV auf S. 51).

Beschreibung — Schreiben Sie einen Satz an die Tafel, z. B.: *Pepe va al colegio.* Verteilen Sie die Kärtchen mit den Zeitangaben an die Kleingruppen. Die Schüler mischen die Kärtchen und legen sie verdeckt in die Mitte des Tisches. Der erste Schüler zieht ein Kärtchen und nennt die Zeitangabe. Jeder Schüler schreibt still für sich den Satz mit der genannten Zeitangabe und der entsprechend angepassten Zeitform in sein Heft. Anschließend lesen die Schüler der Reihe nach ihre Sätze vor, vergleichen diese und verbessern sich ggf. selbst. Dann zieht der nächste Schüler eine neue Zeitangabe.

Weiterführung — Analog zum Beispielsatz notieren die Schüler in ihren Kleingruppen weitere Sätze, die schließlich den anderen Gruppen als Ausgangssätze dienen.

Varianten
- Die Schüler wählen die Zeitangaben zu einem von Ihnen vorgegebenen Tempus selbst.
- Die Schüler formulieren die Sätze mündlich. Wer den Satz zuerst korrekt umformt, erhält einen Punkt.

Tipp — Die Übung eignet sich zur Einstimmung auf den Spanischunterricht ebenso wie zur Festigung der bereits eingeführten Zeiten.

Reflexion — Welche Zeiten beherrscht ihr bereits sicher? Welche solltet ihr noch einmal wiederholen?

Kärtchen: Zeitangaben

Grammatik

esta mañana	el fin de semana pasado
el año que viene	ayer
mañana	el próximo viernes
hoy	en una hora
el lunes pasado	ahora

Grammatik

Ir de compras

Thema	Mengenangaben mit *de*
Ziel/Kompetenzen	einem Einkaufsgespräch Detailinformationen entnehmen
Lernjahr	ab 1
Dauer	ca. 10 Minuten
Sozialform	Einzelarbeit
Material/Medien	Dialog, Mengenangaben und Gemüsebilder (KV auf S. 53)
Vorbereitung	Erstellen Sie drei Kopien des Dialogs und kopieren Sie die Mengenangaben und Gemüsebilder einmal für jeden Schüler.

Beschreibung — Teilen Sie zunächst den Dialog an drei Schüler aus und bitten Sie diese, den Text einmal in verteilten Rollen vorzulesen. Geben Sie den anderen Schülern dann die Tabelle mit den Mengenangaben und den Gemüsebildern. Die Schüler schneiden diese aus, ordnen sie beim zweiten Vorlesen in der richtigen Reihenfolge und Verbindung an und vergleichen dann mit ihrem Nachbarn: *Escuchad el texto. ¿Qué compran primero, después, etc.? Clasificad las verduras por orden cronológico. También hay que añadir la cantidad. Después comparad con un vecino.*

Weiterführung — Verteilen Sie die Dialoge auch an die anderen Schüler und rufen Sie dazu auf, das Gespräch in 3er-Gruppen nachzuspielen.

Varianten
- ▶ Präsentieren Sie zu dem Dialog ein Foto von zwei Jugendlichen auf einem Markt, um die Situation visuell vorzuentlasten.
- ▶ Bei Sprachanfängern können Sie die Texte bereits zu Beginn verteilen und vorab zur stillen Lektüre aufrufen.

Tipp — Das Material eignet sich darüber hinaus zur Sensibilisierung für Demonstrativpronomen. Schneiden Sie dafür den Dialog auseinander und lassen Sie die Textteile ordnen (z. B.: Z. 1–2, Z. 3–5, Z. 6–9, Z. 10–11, Z. 12–15).

Reflexion — Konntet ihr die Mengen gut zuordnen? Wie seid ihr dabei vorgegangen? Welche Schwierigkeiten haben sich möglicherweise ergeben?

Dialog

Grammatik

Carmen y Felipe quieren hacer una ensalada para una fiesta en el colegio.
Por eso van al mercado.

Tendera: Buenos días. ¿Qué os pongo?
Pedro: Una lechuga y un kilo de esos tomates, por favor.
Tendera: ¿De éstos?
Pedro: Sí. ¿Qué te parece, Carmen, compramos pimientos también?
5 ¿Cuánto cuestan éstos amarillos?
Tendera: Ésos 95 céntimos el kilo; aquéllos, los rojos, 1 euro 35.
Carmen: ¿Por qué no compramos tres kilos de ésos? Son baratos y parecen ricos.
Pedro: Vale, pero tres kilos son muchos. Me da un kilo y medio, por favor.
¿Estás de acuerdo, Carmen?
10 *Carmen:* Sí claro, tienes razón. Y también de aquellos pepinos.
Tendera: ¿Cuántos pepinos?
Pedro: Dos, por favor y dos kilos de zanahorias. ¿Nos falta algo más?
Carmen: A ver … ¿Te gustan las aceitunas?
Pedro: Claro. A ver, nos pone 300 gramos de aceitunas, por favor.
15 Eso es todo. ¿Cuánto es?
Tendera: Son 7 euros 15.

Pagan, toman las bolsas con la verdura y salen del mercado.

	un kilo y medio de …		dos kilos de …
	300 gramos de …		dos
	un kilo de …		una

Grammatik

Preposiciones

Thema	Präpositionen
Ziel/Kompetenzen	Präpositionen im Kontext verwenden
Lernjahr	ab 1
Dauer	ca. 10 Minuten
Sozialform	alle zusammen
Material/Medien	4 DIN-A4-Zettel mit Präpositionen, Beispielsätze (KV auf S. 55), Klebestreifen oder ggf. Magnete
Vorbereitung	Kopieren Sie die Sätze mit den fehlenden Präpositionen auf eine Folie (Lösungen im Anhang auf S. 93). Notieren Sie jeweils auf einem DIN-A4-Zettel eine der Präpositionen *a, de, en, por* und hängen Sie die Zettel mit Klebestreifen oder Magneten in die vier Ecken des Raumes.

Beschreibung Räumen Sie die Tische und Stühle an die Seite und bitten Sie die Schüler, sich in der Mitte des Raumes zu versammeln. Präsentieren Sie ihnen dann den ersten Satz mit der fehlenden Präposition von der Folie. Die Schüler sollen sich nach dem stillen Lesen umgehend in die Ecke begeben, in der die korrekte fehlende Präposition ausgehängt ist. Lösen Sie die Aufgabe nach einer angemessenen Zeit auf. Wer in der richtigen Ecke steht, erhält einen Punkt.

Weiterführung Fordern Sie die Schüler dazu auf, eigene Sätze mit den bereits genannten oder auch anderen Präpositionen zu formulieren, um diese für die weitere Übung zu nutzen.

Varianten
- Selbstverständlich bieten sich auch alle weiteren Präpositionen ebenso wie andere grammatische Phänomene oder auch die Konjugation von Verben für die Übung an.
- Sie können die Beispielsätze auch als Kopiervorlage nutzen. Die Schüler fügen dann in Einzelarbeit die fehlenden Präpositionen in die Lücken ein.

Tipp In einer leistungsstarken Lerngruppe lassen sich die Präpositionen mithilfe dieser Übung und je einem Beispielsatz auch einführen.

Reflexion Welche Präpositionen beherrscht ihr sicher? Bei welchen Sätzen gab es noch Probleme? Wie erklärt ihr euch das?

Appetizer Spanisch

Beispielsätze — Grammatik

1. Voy .... cocinar con Pepe.
2. El tren .... Francia llega tarde.
3. Estaba .... casa todo el día.
4. Regresa .... la fiesta a las diez.
5. .... mí me gusta chocolate.
6. ¿.................... quién es este libro?
7. La clase empieza .... las nueve.
8. .... la fiesta estaba mucha gente.
9. Llevo el jersey .... mi novio.
10. El domingo no dan un paseo .... el mal tiempo.
11. .... qué hora es el desayuno?
12. No tengo tiempo .... la mañana porque tengo que trabajar.
13. ¿.................... dónde eres?
14. Nos encontramos .... la ciudad.

© vladwel – Fotolia.com

Grammatik

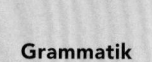

Frases relativas

Thema	Relativsätze
Ziel/Kompetenzen	Subjekte näher beschreiben
Lernjahr	ab 1
Dauer	ca. 10 Minuten
Sozialform	Kleingruppen
Material/Medien	1 Ball für jede Kleingruppe
Vorbereitung	–

Beschreibung Jeder Schüler notiert still für sich in seinem Heft einen kurzen Hauptsatz (z. B. *El chico está enfermo.*). Dann stellen sich die Schüler in Kleingruppen in einen Kreis und werfen sich einen Ball zu. Wer den Ball zuerst in der Hand hält, nennt das Subjekt seines Hauptsatzes. Nun wirft er den Ball zu einem Mitschüler, der einen knappen Relativsatz dazu formuliert und den Ball daraufhin weiterwirft. Ziel ist es, auf diese Weise möglichst viele Relativsätze innerhalb eines Hauptsatzes zu bilden. Fallen den Schülern keine Relativsätze mehr ein, beendet der erste Schüler seinen Hauptsatz, bevor die Übung mit einem neuen Subjekt fortgeführt wird.

Weiterführung Die Schüler notieren aus dem Gedächtnis möglichst viele der gebildeten Relativsätze in ihrem Heft.

Varianten
- ➤ Kürzen Sie die Übung ab, indem Sie einen Hauptsatz vorgeben.
- ➤ Bei leistungsschwächeren Schülern bietet es sich an, eine Phase einzuschieben, in der die Schüler exemplarisch ein paar Relativsätze zu dem vorgegebenen Hauptsatz notieren (z. B.: *El chico que lleva gafas/que tiene el pelo rubio/con el que quiero jugar/... está enfermo*).

Tipp Weisen Sie, wenn nötig, darauf hin, dass es im normalen Sprachgebrauch keineswegs zu dieser Häufung von Relativsätzen kommt, sondern das Ganze nur zu Übungszwecken dient.

Reflexion
- ➤ Vergleicht die gebildeten Relativsätze miteinander. Welche Unterschiede stellt ihr fest?
- ➤ Zu welchem Subjekt sind euch viele Relativsätze eingefallen? Bei welchem war es schwieriger?

Un día especial

Grammatik

Thema	*imperfecto, indefinido, pluscuamperfecto*
Ziel/Kompetenzen	über ein fiktives Erlebnis in der Vergangenheit berichten
Lernjahr	ab 3
Dauer	ca. 5 Minuten
Sozialform	Kleingruppen
Material/Medien	–
Vorbereitung	–

Beschreibung — Die Schüler finden sich in Kleingruppen zusammen, um mündlich einen fiktiven Bericht über ein Erlebnis in der Vergangenheit zu erstellen. Ein Schüler beginnt und formuliert einen Satz über einen Tag in der Vergangenheit. Nun führen die Schüler im Uhrzeigersinn den Bericht fort, indem jeder einen Satz hinzufügt.

Weiterführung — Zur Vertiefung und Festigung der Zeitformen können die Schüler in einer Hausaufgabe den Bericht ihrer Gruppe noch einmal verschriftlichen.

Varianten
- Um zu gewährleisten, dass alle Gruppenteilnehmer jederzeit konzentriert zuhören, kann die Reihenfolge auch durchbrochen werden, indem der Redner durch die Weitergabe eines Gegenstandes (z. B. ein Hut) bestimmt wird.
- Die Übung lässt sich ebenso in Großgruppen bzw. im Plenum durchführen.

Tipp — Es empfiehlt sich, vor allem wenn die Schüler die Vergangenheitsformen noch nicht sicher beherrschen, Gruppen mit mindestens einem leistungsstarken Schüler zu bilden, sodass sich die Lerner ggf. selbst korrigieren.

Reflexion — Welche Verben habt ihr im *indefinido*, welche im *imperfecto* und welche im *pluscuamperfecto* verwendet? Warum?

Grammatik

Frases

Thema	Aussagesätze
Ziel/Kompetenzen	Satzglieder zusammenfügen, konjugieren
Lernjahr	ab 1
Dauer	5–10 Minuten
Sozialform	alle zusammen
Material/Medien	Tabelle mit Satzgliedern
Vorbereitung	Kopieren Sie die Tabelle aus der Beschreibung unten auf eine Folie oder erstellen Sie eine eigene Tabelle auf einer Folie.

Beschreibung Präsentieren Sie den Schülern die Tabelle mit Satzgliedern auf einer Folie, wie z. B.:

Eva	buscar	instituto	ventana
Eva y Laura	tener	piscina	alemán
yo	beber	Salamanca	trabajo
vosotros	abrir	zumo	cafetería
ellos	ir	bocadillo	anuncio
tú	vivir	perro	comida
familia	leer	libro	matemáticas
profesor	escribir	texto	agencia
estudiante	aprender	puerta	
	preparar	periódico	
	estar		
	hablar		

Im Blitzlicht formulieren die Schüler nacheinander je einen Satz im Präsens, indem sie aus der Tabelle jeweils zu einem Subjekt, ein passendes Verb und ein passendes Objekt auswählen.

Weiterführung Jeder Schüler wählt einen der formulierten Sätze aus und verfasst eine kleine Geschichte mit mindestens zehn Sätzen dazu.

Varianten
- Die Begriffe sind ebenso wie das Tempus beliebig austauschbar und können zur besonderen Motivation auch vorab von den Schülern selbst formuliert werden.
- Die Übung lässt sich alternativ auch schriftlich durchführen.

Tipp Die Übung empfiehlt sich insbesondere für Lernanfänger, um diese zu Beginn der Stunde auf die Fremdsprache einzustimmen.

Reflexion Welche Satzglieder habt ihr besonders häufig verwendet?
Welche seltener? Woran liegt das?

Appetizer Spanisch

Pretérito perfecto

Grammatik

Thema	*pretérito perfecto*
Ziel/Kompetenzen	nach Aktivitäten in der Vergangenheit fragen
Lernjahr	ab 1
Dauer	ca. 15 Minuten
Sozialform	alle zusammen
Material/Medien	Spielvorlage (KV auf S. 60)
Vorbereitung	Kopieren Sie die Spielvorlage einmal für jeden Schüler.

Beschreibung — Händigen Sie zunächst jedem Schüler eine Spielvorlage aus und fordern Sie die Lerngruppe dazu auf, die leeren Felder mit weiteren Infinitiven zu füllen. Der Reihe nach stellt jeder Schüler eine Frage an die Gruppe im *pretérito perfecto* (z. B. *Habéis hecho una fiesta esta semana?*). Wer den Infinitiv dieser Frage auf seinem Spielfeld findet (hier: *hacer*), darf ihn markieren und sich melden. Wird er vom fragenden Schüler aufgerufen, formuliert er eine Antwort im gleichen Tempus. Dann stellt der nächste Schüler eine Frage usw. Sobald ein Schüler fünf Infinitive waagerecht, horizontal oder vertikal in einer Reihe markiert hat, ruft er: „Bingo!". Sind alle Angaben korrekt, hat dieser Schüler gewonnen.

Weiterführung — Zu zweit verfassen die Schüler einen Dialog, in dem sie mindestens fünf Fragen mit ihren Verben im Perfekt formulieren und passende Antworten geben.

Varianten
- Schneller geht es, wenn Sie als Spielleiter fungieren und die Fragen selbst formulieren.
- Das Spiel lässt sich auch mit Freizeitbeschäftigungen im Präsens, mit anderen Wortarten und mit Vokabeln der letzten Lektion durchführen. Nutzen Sie dafür die Blanko-Vorlage (KV auf S. 60).

Tipp — Der Gebrauch des *pretérito perfecto* sollte vor dieser Übung hinreichend bekannt sein. Im Sinne der kommunikativen Handlungsfähigkeit empfiehlt es sich, die Fehler erst im Anschluss zu korrigieren.

Reflexion — Welche Verben wurden besonders häufig notiert?

Grammatik | # Spielvorlage

				hacer una fiesta
		cocinar		
leer	bailar			
			jugar al fútbol	
charlar con amigos		nadar		

Umgang mit Texten und Medien

© shock – Fotolia.com

Umgang mit Texten und Medien

Poema

Thema	Schlüsselwörter
Ziel/Kompetenzen	einem literarischen Text Globalinformationen entnehmen
Lernjahr	ab 3
Dauer	ca. 15 Minuten
Sozialform	Einzelarbeit, Partnerarbeit, alle zusammen
Material/Medien	Gedicht (KV auf S. 63)
Vorbereitung	Kopieren Sie das Gedicht einmal für jeden Schüler.

Beschreibung — Teilen Sie das Gedicht aus und fordern Sie die Schüler zur stillen Lektüre auf. Nachdem die Schüler das Gedicht ein erstes Mal gelesen haben, sollen sie drei Schlüsselwörter markieren. Anschließend finden sich jeweils zwei Schüler zusammen und einigen sich auf die ihrer Meinung nach wichtigsten drei Begriffe. Dann tauschen sie sich in der Klasse über ihre Ergebnisse aus und klären somit grob den Inhalt des Textes.

Weiterführung — Zu zweit verfassen die Schüler ein *resumen*, in dem sie die drei Schlüsselbegriffe verwenden müssen.

Varianten
- Notieren Sie bereits vorab sowohl treffende als auch unpassende Schlüsselwörter auf Karteikarten. Die Schüler sortieren die Karten nach der Lektüre aus und/oder ordnen sie in einer Kartenabfrage nach Kategorien. Dabei heften die Schüler mit der Hilfe eines Moderators die passenden Schlüsselbegriffe an die Tafel und strukturieren sie nach Themen bzw. eigenen Überschriften.
- Die Textgrundlage lässt sich beliebig austauschen.

Tipp — Stellen Sie ggf. eine Phase voran, in der Sie den Text vortragen oder diese Aufgabe einem leistungsstarken Schüler übertragen.

Reflexion
- Welche Schlüsselwörter wurden mehrfach markiert?
- Welche der Wörter könnten gut in einem *resumen* verwendet werden? Welche weniger gut? Woran liegt das?

Gedicht

Umgang mit Texten und Medien

Poesía tradicional

Vuestros son mis ojos,
Isabel,
vuestros son mis ojos
y mi corazón también.

Madre mía, aquel pajarillo
que canta en el ramo verde,
rogadle vos que no cante,
pues mi niña ya no me quiere.

Pasas por mi calle,
no me quieres ver:
corazón de acero
debes de tener.

Diga quien dijere,
quien dijere diga,
que el amor primero
por jamás se olvida.

Anónimo

Umgang mit Texten und Medien

Como agua para chocolate

Thema	Ersteindruck
Ziel/Kompetenzen	Wirkung eines Textes beschreiben
Lernjahr	ab 3
Dauer	ca. 20 Minuten
Sozialform	Kleingruppen
Material/Medien	Romanauszug „Como agua para chocolate" von Laura Esquivel (als Freebook im Internet: www.gavilan.edu/disted/html/3_08.html), 1 Placemat-Vorlage für jede Kleingruppe (KV auf S. 90)
Vorbereitung	Kopieren Sie den Romanauszug (Z. 1–40) im Klassensatz oder erstellen Sie alternativ eine Folie. Kopieren Sie für jede Kleingruppe eine Placematvorlage.

Beschreibung — Die Schüler setzen sich zu viert zusammen. Geben Sie jedem Schüler eine Kopie des Romanauszugs oder legen Sie die vorbereitete Folie auf. Jede Gruppe erhält außerdem eine Placemat-Vorlage. Lesen Sie dann gemeinsam mit den Schülern den Romanauszug. Im Anschluss soll reihum jeder Schüler einer Gruppe seinen ersten Leseeindruck in sein Placemat-Feld eintragen. Die Gruppe einigt sich schließlich auf ein Ergebnis, welches sie gemeinsam in der Mitte notiert.

Weiterführung — Die Schüler lesen arbeitsteilig weitere Textauszüge des Romans und vervollständigen ihre Notizen.

Varianten
- Nennen Sie den Schülern zunächst den Titel des Romans und fordern Sie zu Vermutungen über den Inhalt auf.
- Sie können die Aufgabe erheblich abkürzen, indem Sie die Lektüre des Textes in die vorbereitende Hausaufgabe verlagern. In diesem Fall können die Schüler neben dem Ersteindruck auch Informationen über Tita im Placemat zusammentragen.

Tipp — Der Text enthält zum Teil fachspezifisches Vokabular. Entscheiden Sie je nach Lernstand, welche Vokabeln Sie eventuell vorentlasten.

Reflexion
- Inwiefern unterscheiden bzw. decken sich eure Ersteindrücke?
- Welche Wirkung wird durch das Rezept erzeugt?
- Ist euch Tita sympathisch? Begründet eure Meinung.

Trabalenguas

Umgang mit Texten und Medien

Thema	Zungenbrecher
Ziel/Kompetenzen	Aussprache trainieren
Lernjahr	ab 1
Dauer	ca. 5 Minuten
Sozialform	alle zusammen
Material/Medien	Zungenbrecher (KV auf S. 66)
Vorbereitung	Kopieren Sie die Zungenbrecher auf eine Folie.

Beschreibung — Präsentieren Sie der Lerngruppe je nach Lernstand einen der beiden Zungenbrecher auf der Folie. Alle Schüler stehen auf und lesen den Zungenbrecher gemeinsam laut vor. Sie wiederholen den Text immer wieder und werden dabei immer schneller. Wer sich verspricht, setzt sich hin.

Weiterführung — Die Schüler suchen weitere spanische Zungenbrecher im Internet, üben sie ein und tragen sie ihren Mitschülern vor.

Varianten
- ➤ Die Übung lässt sich ebenso in Großgruppen durchführen.
- ➤ Fordern Sie die Schüler zunächst zur stillen Lektüre auf und bitten Sie sie dann der Reihe nach, den Zungenbrecher vorzutragen. Stoppen Sie dabei die Zeit. Wer den Text am schnellsten fehlerfrei vorträgt, wird zum Klassensieger ernannt.

Tipps
- ➤ Entscheiden Sie je nach Lerngruppe, ob Sie den Text zunächst selbst einmal laut vortragen oder diese Aufgabe einem leistungsstarken Schüler übertragen.
- ➤ Bestimmen Sie ggf. einen Spielleiter, der auf die Aussprache der Mitschüler achtet und zum Hinsetzen aufruft, sobald er einen Fehler bemerkt.

Reflexion
- ➤ Wie war es für euch, den Text mehrmals laut zu lesen? Was war besonders schwierig?
- ➤ Welche deutschen Zungenbrecher kennt ihr?

Trabalenguas

I. El amor es una locura,
que ni el cura lo cura,
que si el cura lo cura,
es una locura del cura.

II. Yo tengo una cabra
ética, perética, perimpimplética, peluda, pelada,
perimpimplada que tuvo un cabrito
ético, perético, perimpimplético, peludo, pelado,
perimpimplado.
Si la cabra no hubiera sido
ética, perética, perimpimplética, peluda, pelada,
perimpimplada, el cabro no hubiera sido
ético, perético, perimpimplético, peludo, pelado,
perimpimplado.

La casa de Bernarda Alba

Umgang mit Texten und Medien

Thema	die Rolle der Frau in Spanien in den 1930er-Jahren
Ziel/Kompetenzen	eine ausgewählte Theaterszene im Hinblick auf die Unterdrückung der Frau analysieren
Lernjahr	ab 3
Dauer	ca. 15 Minuten
Sozialform	Großgruppen, alle zusammen
Material/Medien	1. Szene der Verfilmung von „La casa de Bernarda Alba" (Federico García Lorca) von Mario Camus (1987) und Abspielmöglichkeit
Vorbereitung	–

Beschreibung — Bevor Sie den Schülern die erste Szene der Verfilmung von García Lorcas „La Casa de Bernarda Alba" zeigen, teilen Sie die Klasse in drei große Gruppen und fordern Sie diese auf, arbeitsteilig auf die Sprache, die Gestik und Mimik sowie auf das äußere Erscheinungsbild der Frauen zu achten. Im Anschluss fassen die Schüler im Plenum ihre Ergebnisse zusammen und diskutieren gemeinsam über mögliche Hintergründe.

Weiterführungen
- Schließen Sie eine Recherchephase an, in der die Schüler Informationen über die Rolle der Frau in Spanien in den 1930er-Jahren zusammentragen.
- Danach können die Schüler in Kleingruppen eine Talkshow zum Thema „La mujer en España – antes y hoy" durchführen, in der die Figur aus dem Drama einer modernen Frau begegnet und ein Moderator nach den Lebensumständen in den unterschiedlichen Epochen fragt.

Varianten
- Präsentieren Sie den Schülern die Szene zunächst ohne Ton und fragen Sie, welche Stimmung durch die Bilder vermittelt wird.
- Für diesen Stundeneinstieg können Sie natürlich auch statt mit dem Film mit dem entsprechenden Textauszug arbeiten.

Tipp — Anhand dieses Dramas lässt sich im Rahmen einer umfangreichen Unterrichtseinheit auch der Aufbau der Textgattung thematisieren.

Reflexion
- Welches Frauenbild herrschte in Spanien in den 1930er-Jahren?
- Welche Entwicklung stellt ihr seitdem fest?

Appetizer Spanisch

Umgang mit Texten und Medien

Estatua congelada

Thema	szenische Interpretation einer Kurzgeschichte
Ziel/Kompetenzen	Leseverstehen, eine Textstelle mithilfe eines Standbildes interpretieren
Lernjahr	ab 2
Dauer	ca. 10 Minuten
Sozialform	alle zusammen
Material/Medien	eine beliebige Kurzgeschichte (z. B. *„La Mirada"* von Juan Madrid)
Vorbereitung	Kopieren Sie die Kurzgeschichte im Klassensatz.

Beschreibung Stellen Sie zur Vorentlastung der Kurzgeschichte gemeinsam mit ausgewählten Schülern exemplarisch eine der Schlüsselszenen in einem Standbild dar. Fordern Sie die anderen Schüler im Plenum zur Interpretation auf. Sie sollen dafür zuerst die Positionen der „Schauspieler" beschreiben und dann versuchen, die Szene zu deuten. Schließen Sie eine Diskussion an, in der die Schüler Hypothesen zum möglichen Textinhalt aufstellen.

Weiterführung Verteilen Sie die Kurzgeschichte und entscheiden Sie je nach Lerngruppe, ob die Schüler den Text still für sich lesen oder Sie ihn laut vorlesen. Fordern Sie anschließend die Schüler dazu auf, in Kleingruppen eine andere Szene der Geschichte in einem Standbild zu präsentieren.

Varianten
- Die Schüler präsentieren selbstständig in einem Standbild eine ausgewählte Szene aus einer Kurzgeschichte, die bereits im Unterricht behandelt wurde.
- In einer arbeitsteiligen Gruppenarbeit stellen die Schüler unterschiedliche Szenen in Standbildern dar und fotografieren sie.
- Die Textgrundlage ist beliebig austauschbar.

Tipp Weisen Sie ggf. die Darsteller darauf hin, auf ihre Gestik und Mimik zu achten.

Reflexion
- Wie habt ihr euch in eurer Rolle gefühlt?
- Haben eure Mitschüler die Szene richtig gedeutet?
- Worauf muss man achten, wenn man eine Textstelle in einem Standbild darstellen möchte?

¡Escuchad!

Umgang mit Texten und Medien

Thema	Malinche, Geschichte Mexikos
Ziel/Kompetenzen	Hörverstehen verbessern, einem Fernsehbeitrag gezielt Informationen entnehmen
Lernjahr	ab 3
Dauer	ca. 10 Minuten
Sozialform	alle zusammen
Material/Medien	Fernsehbeitrag über Malinche auf https://www.youtube.com/watch?v=0Fjd0B5IVho und Abspielmöglichkeit
Vorbereitung	–

Beschreibung   Bevor Sie der Klasse den Fernsehbeitrag über Malinche (*Once TV México*) präsentieren, weisen Sie unterstützend darauf hin, dass im folgenden Einspieler Menschen auf der Straße spontan zur Person Malinche befragt wurden. Notieren Sie den Namen an der Tafel und geben Sie den Auftrag, während des Hörens die geäußerten Vermutungen über Malinche in Stichpunkten zu notieren. Spielen Sie den Beitrag mindestens ein zweites Mal ab. Anschließend tragen die Schüler ihre Ergebnisse zusammen und diskutieren über das „Geheimnis" Malinche. Sie formulieren ggf. Fragen, die offen geblieben sind und die sie gerne klären würden.

Weiterführung   Die Schüler recherchieren selbstständig im Internet zum Thema Malinche und präsentieren ihre Ergebnisse in einem Kurzvortrag. Im Anschluss daran schauen Sie sich ihre Stichpunkte zum Fernsehbeitrag sowie ggf. den Beitrag selbst noch einmal an und markieren die Informationen, die zutreffen.

Variante   Präsentieren Sie ausschließlich den Ton des Fernsehbeitrags, sodass Sie den Fokus auf das Hörverstehen legen.

Tipp   Die Übung eignet sich sowohl für den Einstieg in ein Unterrichtsvorhaben über Mexiko als auch für den spontanen Einsatz in einer Vertretungsstunde oder zur Auflockerung zwischendurch.

Reflexion
- ➤ Habt ihr dem Beitrag die wesentlichen Informationen entnommen? Worin bestanden mögliche Schwierigkeiten?
- ➤ Wer war Malinche? Beschreibt sie mit euren eigenen Worten.

Umgang mit Texten und Medien

Me gustas tú

Thema	Verb *gustar*
Ziel/Kompetenzen	Stimmung in einem Musikvideo beschreiben, Vorlieben ausdrücken
Lernjahr	ab 1
Dauer	ca. 10 Minuten
Sozialform	alle zusammen
Material/Medien	Musikvideo „*Me gustas tú*" auf https://www.youtube.com/watch?v=rs6Y4kZ8qtw&index=2&list=PLhuOYXYcUbqLaAbpkLwqIr5wd-cD-fC4rl und Abspielmöglichkeit
Vorbereitung	–

Beschreibung Formulieren Sie, bevor Sie das Musikvideo zu „*Me gustas tú*" von Manu Chao ohne Ton abspielen, den Sehauftrag, auf die Stimmung in dem Musikvideo zu achten, die durch den Wechsel der Bilder vermittelt wird. Anschließend tauschen die Schüler sich über ihre ersten Eindrücke aus. Spielen Sie das Video mit Ton ab und fordern Sie die Schüler dazu auf, im Anschluss das Thema des Textes zusammenzufassen: *¿Cuál es el tema de la canción?*

Weiterführungen
- Die Schüler formulieren in Einzelarbeit Sätze mit dem Verb *gustar*.
- Auf dieser Grundlage können sie dann in Gruppen ein ähnliches Video über ihre Vorlieben drehen und es der Klasse präsentieren.

Varianten
- Schließen Sie eine weitere Phase an, in der Sie das Video noch einmal abspielen und den Schülern den Auftrag geben, sich die einzelnen Sätze mit *gustar* zu notieren.
- Um den Einstieg abzukürzen, können Sie das Video, insbesondere in leistungsstarken Gruppen, direkt mit dem Text einspielen und anschließend zur Formulierung des Themas aufrufen.

Tipp Die Übung eignet sich auch zur Einführung des Verbs *gustar*.

Reflexion
- Inwiefern passt der Text eurer Meinung nach zu den Bildern?
- Gefällt euch das Video? Begründet eure Meinung.

La ciudad del silencio

Umgang mit Texten und Medien

Thema	Film „La ciudad del silencio"
Ziel/Kompetenzen	den Inhalt einer Videosequenz zusammenfassen
Lernjahr	ab 3
Dauer	ca. 10 Minuten
Sozialform	alle zusammen
Material/Medien	Trailer von „La ciudad del silencio" (zu finden auf YouTube) und Abspielmöglichkeit
Vorbereitung	–

Beschreibung — Präsentieren Sie der Lerngruppe den kurzen Trailer zum Film „La ciudad del silencio". Notieren Sie vorab folgenden Sehauftrag an der Tafel: ¿De qué trata la película? Fordern Sie die Lerngruppe ggf. auf, sich Stichpunkte zu notieren. Entscheiden Sie je nach Lernstand, ob Sie den Ausschnitt ein zweites Mal zeigen, bevor die Schüler sich mündlich über ihre Beobachtungen austauschen.

Weiterführungen
- Fordern Sie die Schüler auf, im Internet nach Informationen über *maquiladoras* sowie die NAFTA zu suchen und ihre Ergebnisse in Kurzvorträgen zu präsentieren. Diskutieren Sie gemeinsam über die Arbeitsbedingungen der *maquiladoras*.
- Die Schüler verfassen eine kurze E-Mail an einen Freund, in der sie erklären, worum es in dem Film „La ciudad del silencio" geht, und schlagen vor, ihn gemeinsam im Kino anzuschauen.

Variante — Fügen Sie nach der Präsentation des Trailers eine Phase ein, in der sich zunächst jeweils zwei Schüler über ihre Gedanken austauschen, um den Redeanteil entsprechend zu erhöhen.

Reflexion
- Was erfahrt ihr im Trailer über die Grenzregion in Nordmexiko?
- Vergleicht die Arbeitsbedingungen der Frauen dort mit denen in Deutschland.

Appetizer Spanisch

Umgang mit Texten und Medien

Duele el corazón

Thema	Konditionalsätze
Ziel/Kompetenzen	Hörverstehen verbessern, einem Lied Konditionalsätze entnehmen
Lernjahr	ab 2
Dauer	ca. 10 Minuten
Sozialform	Einzelarbeit, Partnerarbeit, alle zusammen
Material/Medien	das Lied „*Duele el corazón*" von Enrique Iglesias (zu finden auf YouTube) und Abspielmöglichkeit
Vorbereitung	–

Beschreibung Kündigen Sie an, dass Sie im Folgenden das Lied „*Duele el corazón*" von Enrique Iglesias abspielen werden, und geben Sie den Hörauftrag, möglichst alle Konditionalsätze zu notieren. Spielen Sie dann das Lied mindestens 2-mal ab, bevor sich jeweils zwei Schüler austauschen und ihre Ergebnisse vergleichen. Bitten Sie einen Schüler an die Tafel, der die Sätze sammelt. Das Paar mit den meisten korrekt notierten Konditionalsätzen hat gewonnen. Spielen Sie ggf. abschließend das Lied noch einmal zur Kontrolle ab.

Weiterführung Die Schüler formulieren zu den Satzanfängen des Liedes alternative Fortsetzungen. Beurteilen Sie anschließend gemeinsam, welche Ideen besonders kreativ sind.

Varianten
- Leichter wird es, wenn Sie das entsprechende Musikvideo hinzunehmen, da die entscheidenden Textsegmente hier eingeblendet werden.
- Schieben Sie eine Phase ein, in der die Schüler anhand des Titels den Inhalt antizipieren.

Tipp Diese Übung setzt voraus, dass den Schülern die Bildung der Konditionalsätze bereits bekannt ist. Sollte das nicht der Fall sein, können Sie auch vorab den Liedtext verteilen und die Schüler bitten, die Konditionalsätze zu markieren. Die Bildung lässt sich anschließend induktiv an der Tafel thematisieren.

Reflexion
- Welche Konditionalsätze habt ihr besonders gut verstanden? Welche haben euch Schwierigkeiten bereitet?
- Welche Stimmung wird in dem Lied erzeugt? Wodurch?

Periódico

Umgang mit Texten und Medien

Thema	Schlagzeilen
Ziel/Kompetenzen	Sprachbewusstheit fördern, Medienkompetenz entfalten
Lernjahr	ab 2
Dauer	10–15 Minuten
Sozialform	Kleingruppen
Material/Medien	(aktuelle) spanische Tageszeitungen, 1 DIN-A3-Blatt für jede Kleingruppe
Vorbereitung	–

Beschreibung — Legen Sie die spanischen Zeitungen und je ein DIN-A3-Blatt auf Gruppentischen aus und fordern Sie die Schüler dazu auf, sich möglichst gleichmäßig an den Tischen zu verteilen. Die Schüler sehen gemeinsam die Zeitungen durch, schneiden auffällige Schlagzeilen aus und kleben sie auf das DIN-A3-Blatt, sodass ein Plakat entsteht. Die Gruppen hängen anschließend ihre Plakate in der Klasse auf und präsentieren sie in einem Galeriegang.

Weiterführung — Die Schüler lesen einen ausgewählten Artikel genauer und analysieren den Stil und/oder den Aufbau und vergleichen ggf. mit einem deutschen Pendant.

Varianten
- Stehen Ihnen kurzfristig keine spanischen Tageszeitungen zur Verfügung, können die Schüler die Übung auch mithilfe entsprechender Webseiten durchführen, z. B. zum Thema *inmigración* unter www.elpais.com/tag/inmigracion/a/.
- Bei Sprachanfängern können Sie den Schwerpunkt der Analyse auch auf die Fotos bzw. Zeichnungen legen.
- Beschränken Sie sich auf eine einzige Zeitung, indem Sie unterschiedliche Analyseaspekte an die Gruppen verteilen (Schlagzeilen, Aufbau, Bilder, Sprache …).

Tipp — Diese Übung ist besonders motivierend, wenn sich ein brisantes, länderübergreifendes Thema in der deutschen und in der spanischen Tageszeitung finden lässt.

Reflexion
- Was fällt euch sprachlich an den Schlagzeilen auf? Inwiefern unterscheiden sich hier die einzelnen Zeitungen voneinander?
- Wie bewertet ihr unter diesem Aspekt die Seriosität der Zeitung?

Umgang mit Texten und Medien

Entrevista

Thema	die Bildung von Fragen
Ziel/Kompetenzen	Sprachbewusstheit fördern, kommunikative Fertigkeiten verbessern
Lernjahr	ab 2
Dauer	10–15 Minuten
Sozialform	Einzelarbeit, Kleingruppen
Material/Medien	Programm für Tonaufnahmen, z. B.: www.audacity.de, PC mit Internetzugang sowie Headset oder Mikrofon für jede Kleingruppe
Vorbereitung	–

Beschreibung Rufen Sie die Schüler dazu auf, zunächst in Einzelarbeit eine Frage im Heft zu notieren, die sie gern einmal einem Prominenten stellen würden. Die Schüler finden sich dann in Kleingruppen zusammen und sprechen mithilfe des Aufnahmeprogramms Audacity ihre Fragen ein. Nun wählt jeder Schüler aus diesem Fragepool eine Frage aus, die er aus der Sicht eines Stars beantwortet.

Weiterführung In Kleingruppen gestalten die Schüler das Interview aus und präsentieren es – live oder als Aufnahme – in einem Rollenspiel.

Varianten
- Geben Sie gezielt Fragepronomen vor, die die Schüler in ihren Fragen verwenden sollen.
- Die Übung eignet sich auch ohne das Audioforum für den spontanen Einsatz z. B. zur Bündelung der Konzentration.
- Zur besonderen Motivation können Sie einen konkreten Interviewpartner vorgeben, z. B. einen Muttersprachler, den Sie dann für das Interview auch tatsächlich in die Klasse bitten.
- Nennen Sie ein konkretes Thema, zu dem die Schüler Fragen formulieren sollen, z. B. *La Navidad en España y Latinoamérica*. Sammeln Sie die Fragen und klären Sie diese im Rahmen der Textarbeit oder einer Internetrecherche.

Tipp Sie können Audacity kostenlos herunterladen und zur Audioaufnahme, -wiedergabe und -bearbeitung nutzen.

Reflexion
- Wie bewertet ihr die Arbeit mit dem Audio-Rekorder?
- Welche unterschiedlichen Frageformen habt ihr verwendet?

Cómic

Umgang mit Texten und Medien

Thema	Darstellung einer Geschichte in Bildern
Ziel/Kompetenzen	Leerstellen füllen, Inhalte antizipieren
Lernjahr	ab 2
Dauer	ca. 10 Minuten
Sozialform	alle zusammen
Material/Medien	Comicbilder (KV auf S. 78)
Vorbereitung	Kopieren Sie die Bilder auf eine Folie.

Beschreibung — Präsentieren Sie die beiden Comicbilder in Form eines stummen Impulses auf einer Folie. Die Schüler beschreiben, was sie sehen. Stoßen Sie das Unterrichtsgespräch, wenn nötig, durch weitere Impulse an, z. B.: *Compilad adjetivos que describen el estado de ánimo de las mujeres.* Leiten Sie anschließend über zum (fehlenden) Text: *¿Qué podrían decir las mujeres?* Sammeln Sie die Ideen der Schüler und lassen Sie die Lerngruppe schließlich darüber abstimmen, was am ehesten passt.

Weiterführung — Die Schüler können anschließend in Partnerarbeit eine im Unterricht bereits analysierte Kurzgeschichte auswählen und in einem Comic darstellen. Dadurch werden unterschiedliche Kanäle angesprochen, sodass die vermeintlich stilleren Schüler gefördert werden, die in kommunikativen Übungen eher gehemmt sind. Schüler, die gar nicht zeichnen wollen, können auch eine Fotostory mit Sprechblasen erarbeiten oder eine Bildergeschichte mit Smileys erstellen.

Variante — In leistungsschwächeren Lerngruppen oder bei Sprachanfängern können Sie die Bilder auch losgelöst von der weiteren Arbeit verwenden, z. B. zur Sammlung von Adjektiven für die Gefühlsbeschreibung.

Tipp — Möchte man nicht selbst zeichnen, lässt sich z. B. bei www.pixton.com/de ein Comic am Computer erstellen. Per Mausklick entstehen Charaktere und ganze Szenen.

Reflexion — Welche Informationen eines Textes sind für die zeichnerische Darstellung wesentlich? Welche sind überflüssig?

Umgang mit Texten und Medien

Comicbilder

Horóscopo

Umgang mit Texten und Medien

Thema	Horoskope
Ziel/Kompetenzen	Sprachbewusstheit fördern
Lernjahr	ab 3
Dauer	ca. 15 Minuten
Sozialform	alle zusammen, Klein- und/oder Großgruppen
Material/Medien	Sternzeichen (KV auf S. 80), Tageshoroskop für jedes Sternzeichen
Vorbereitung	Kopieren Sie das Bild mit den Sternzeichen auf eine Folie. Laden Sie das Tageshoroskop aus dem Internet herunter (http://www.hola.com/horoscopo/) und kopieren Sie es einmal für jedes Sternzeichen.

Beschreibung — Präsentieren Sie den Schülern das Bild mit den Sternzeichen in Form eines stummen Impulses. Nun stellen die Schüler Vermutungen zum Thema der Stunde an und Sie schreiben ggf. zur Vorentlastung entsprechendes Vokabular an die Tafel. Dann verteilen Sie die Horoskope der einzelnen Sternzeichen auf die Tische. Die Schüler ordnen sich entsprechend zu und lesen in ihrer Gruppe ihr Horoskop. Dabei unterstreichen sie Positives und Negatives in unterschiedlichen Farben und fassen ihre Ergebnisse anschließend für die Klasse zusammen.

Weiterführung — Die Schüler schreiben sich gegenseitig ein Horoskop für das folgende Wochenende.

Variante — Haben Sie die Möglichkeit, am PC mit Internetzugang zu arbeiten, können die Schüler ihr Horoskop auch selbst heraussuchen.

Tipp — Die Gruppen werden vermutlich unterschiedlich groß ausfallen. Entscheiden Sie je nach Lerngruppe, ob konzentriertes Arbeiten dennoch möglich ist oder Sie in die Gruppenbildung eingreifen.

Reflexion
- ➤ Wodurch zeichnen sich Horoskope sprachlich aus? Vergleicht mit dem Deutschen.
- ➤ Worin liegt eurer Meinung nach die Faszination von Sternzeichen und Horoskopen begründet?

Appetizer Spanisch

Umgang mit Texten und Medien

Sternzeichen

Interkulturelles Lernen

© Oksana – Fotolia.com

Interkulturelles Lernen

La conferencia muda

Thema	illegale Einwanderung nach Spanien
Ziel/Kompetenzen	Förderung der schriftlichen Argumentationsfähigkeit
Lernjahr	ab 3
Dauer	10–15 Minuten
Sozialform	Kleingruppen
Material/Medien	–
Vorbereitung	–

Beschreibung   Notieren Sie an der Tafel das übergeordnete Thema der Stunde bzw. der Unterrichtseinheit: *Inmigración de Africa a España*. Die Schüler finden sich in Kleingruppen zusammen, um schriftlich miteinander über die illegale Einwanderung von Afrika nach Spanien zu diskutieren. Dazu soll zunächst jeder Schüler für sich ein kurzes Statement in seinem Heft notieren. Dann gibt er sein Heft im Uhrzeigersinn an einen Nachbarn weiter, liest das Statement des Vorgängers und kommentiert dieses schriftlich. Die Schüler tauschen ihre Hefte, bis sie wieder ihr eigenes in Händen halten. Zum Schluss lesen einzelne Gruppen ihre Ergebnisse vor.

Weiterführungen
- Bitten Sie eine Kleingruppe nach vorn, um eine Pro-Kontra-Diskussion in einer Talkshow durchzuführen. Dabei können sie auf die Argumente des stummen Streitgesprächs zurückgreifen.
- Zur Vertiefung verfassen die Schüler eine E-Mail an die Regierung, in der sie zur Öffnung der Grenzen aufrufen bzw. eine Verschärfung der Grenzkontrollen fordern.

Variante   Auch Streitthemen, wie das Unabhängigkeitsbestreben Kataloniens oder der Mauerbau an der Grenze zu Mexiko, bieten sich für ein stummes Schreibgespräch an.

Tipps
- Regen Sie die Diskussion mit einem Bild an.
- Der Meinungsaustausch verlangt nach Sätzen im *subjuntivo*. Wiederholen Sie zunächst die erforderlichen Konstruktionen und/oder stellen Sie bei Bedarf unterstützendes Sprachmaterial zur Verfügung (KV auf S. 15).

Reflexion   Seid ihr bei eurer Meinung geblieben? Oder haben euch die Argumente eurer Mitschüler überzeugt?

Gente en España

Interkulturelles Lernen

Thema	Beschäftigungssituation der Bevölkerung in Spanien
Ziel/Kompetenzen	Diagramme lesen und verstehen
Lernjahr	ab 2
Dauer	10–15 Minuten
Sozialform	Einzelarbeit, Partnerarbeit, alle zusammen
Material/Medien	Statistik, z. B. die Kuchendiagramme: *La población española según la rama de actividad* (https://es.slideshare.net/geopress/estructura-de-la-poblacin-espaola-segn-actividad-econmica-2011, S. 27), Aussagesätze (KV auf S. 84)
Vorbereitung	Kopieren Sie ein Diagramm zu einer aktuellen Statistik auf eine Folie und kopieren Sie die Aussagesätze einmal für jeden Schüler.

Beschreibung — Präsentieren Sie den Schülern auf einer Folie ein Diagramm zu einer aktuellen Statistik, die die unterschiedlichen Sektoren erfasst, in denen die Spanier beschäftigt sind. Verteilen Sie dann die Aussagesätze zum Thema und fordern Sie zunächst zur stillen Lektüre auf. Klären Sie, wenn nötig, Verständnisfragen, bevor die Schüler zu zweit die Sätze bestätigen oder widerlegen. Vergleichen und diskutieren Sie abschließend die Ergebnisse in der Klasse.

Weiterführung — Lesen Sie zur Vertiefung und Prüfung der Ergebnisse gemeinsam mit den Schülern einen Text zum Thema.

Varianten
- Kopieren Sie einen Text über die Bevölkerungsgruppen in Spanien und fordern Sie die Schüler dazu auf, anhand der Daten ein Schaubild anzufertigen.
- Es bieten sich auch andere Themen an, z. B. *el turismo en España*.

Tipp — Aktuelle Studien zu diversen Themen rund um Wirtschaft, Demografie und Bildung finden Sie unter www.ine.es.

Reflexion
- Was hat euch an den Ergebnissen überrascht? Was nicht?
- Vergleicht die Daten mit Deutschland.

Gente en España

	verdadero	falso
1. El sector servicios es el más importante en España.		
2. Al final de 2012 casi un cuarto de la población activa está parada.		
3. La agricultura es un sector muy importante para la economía de España.		
4. Menos del 15 % de la población activa trabaja en la industria.		
5. En España mucha gente trabaja en la construcción.		

© Daniel Ernst – Fotolia.com

Diversidad lingüística en España

Interkulturelles Lernen

Thema	Varietäten der spanischen Sprache
Ziel/Kompetenzen	Differenzen im Wortschatz der spanischen Varietäten bewusst machen
Lernjahr	ab 3
Dauer	ca. 10 Minuten
Sozialform	alle zusammen, Einzelarbeit
Material/Medien	Tabellen zu den Varietäten (KV auf S. 86)
Vorbereitung	Kopieren Sie die Tabelle mit den unbekannten Wörtern der verschiedenen Varietäten sowie die Übersetzungen auf eine Folie (Lösungen im Anhang auf S. 93).

Beschreibung — Schreiben Sie *Qué se habla en España?* an die Tafel und zeichnen Sie eventuell als Hilfestellung vier Pfeile dazu, die in unterschiedliche Richtungen zeigen. Die Schüler aktivieren ihr Vorwissen und nennen die vier Amtssprachen: *castellano, gallego, vasco, catalán*. Präsentieren Sie dann den Schülern die Tabelle mit den Vokabelbeispielen der unterschiedlichen Varietäten auf der Folie. Die Schüler lesen die unbekannten Wörter und versuchen (ratend), sie den entsprechenden Amtssprachen und Übersetzungen zuzuordnen. Sie notieren die entsprechende Buchstaben-Zahlen-Kombination in ihrem Heft, bevor sie ihre Ergebnisse vergleichen und schließlich anhand der Lösung (S. 93) prüfen.

Weiterführung — Teilen Sie die Klasse in zwei große Gruppen und fordern Sie zum Vokabelraten auf. Jeweils ein Schüler einer Gruppe beschreibt mündlich oder pantomimisch einen der Begriffe. Wer die korrekte Lösung nennt, erhält für seine Gruppe einen Punkt.

Varianten
- Möglicherweise hatten die Schüler in ihrem Urlaub bereits Kontakt mit einer spanischen Varietät. Thematisieren Sie dies vorab.
- Die Schüler suchen selbstständig im Internet nach Beispielen für die Varietäten und lassen ihre Mitschüler diese zuordnen.

Tipp — Die Übung empfiehlt sich auch, um die Schüler mit dem Umgang mit einsprachigen Wörterbüchern vertraut zu machen.

Reflexion — Welche Vorteile seht ihr in der Sprachenvielfalt? Welche Probleme ergeben sich? Denkt sowohl an Muttersprachler als auch an euch als Fremdsprachenlerner. Vergleicht mit dem Deutschen.

Varietäten

Interkulturelles Lernen

demá **A**	dorre **B**	benvinguts **C**	formatge **D**
bo **E**	falei **F**	errege **G**	unha **H**
billa **I**	ciutat **J**	solpor **K**	demanda **L**
gosaldu **M**	compromiso **N**	guión **O**	kozinatu **P**

vasco frühstücken **1**	gallego ich spreche **2**	catalán Stadt **3**	castellano Bindestrich **4**
vasco König **5**	gallego Sonne **6**	gallego gut **7**	gallego eine **8**
catalán willkommen **9**	catalán morgen **10**	catalán Käse **11**	gallego Hahn **12**
castellano Engagement **13**	vasco kochen **14**	vasco Turm **15**	castellano Nachfrage **16**

Pluralidad en Latinoamérica

Interkulturelles Lernen

Thema	sprachliche und kulturelle Pluralität in Lateinamerika
Ziel/Kompetenzen	sich in einem Webquest über die lateinamerikanische Pluralität informieren, Medienkompetenz erweitern, Lesestrategien anwenden
Lernjahr	ab 3
Dauer	ca. 15 Minuten
Sozialform	ggf. alle zusammen, Partnerarbeit
Material/Medien	PC mit Internetzugang für jedes 2er-Team
Vorbereitung	Kopieren Sie die Fragen für das Webquest (KV auf S. 88) einmal für jedes 2er-Team (Lösungen im Anhang auf S. 93).

Beschreibung — Die Schüler setzen sich zu zweit zusammen und erhalten von Ihnen die Fragen für das Webquest. Entscheiden Sie je nach Lernstand, ob die Fragen zunächst gemeinsam in der Klasse gelesen werden, um ggf. Verständnisfragen zu klären, oder ob die Schüler umgehend mit der Recherche beginnen. Die Schülerpaare notieren die Antworten zusammen mit den entsprechenden Quellenangaben in ihrem Heft. Wer alle Aufgaben bearbeitet hat, meldet sich und überprüft anhand der Lösungen (S. 93). Das Webquest hat derjenige gewonnen, der als Erster alles korrekt gelöst hat. Seine Ergebnisse präsentiert er anschließend der Klasse.

Weiterführung — Die Schüler erstellen selbst ein Webquest, indem sie Fragen zur Landeskunde Lateinamerikas formulieren, die die Mitschüler mithilfe des Internets beantworten sollen. Auf vielen Webseiten können die Schüler ihr Quiz auch online erstellen.

Varianten
- Die Schüler können das Webquest auch vorbereitend zu Hause oder im Unterricht in Einzelarbeit bzw. in Gruppen bearbeiten.
- Weitere Themen sind denkbar, z. B. *la educación en España*.

Tipp — Entscheiden Sie je nach Lerngruppe, ob Sie Form und Umfang der erwarteten Antworten genauer einschränken wollen, ob also die Schüler z. B. in einem Satz antworten oder ein Bild ergänzen sollen.

Reflexion — Welche Antworten habt ihr zügig im Internet gefunden? Welche Aufgaben haben euch Schwierigkeiten bereitet? Welche Probleme haben sich eventuell bei der Recherche ergeben?

Interkulturelles Lernen

Webquest

1. ¿Cuántas personas viven en Argentina?
2. ¿Qué idiomas se hablan en Perú?
3. ¿Dónde está la caída de agua más alta del mundo?
4. ¿Dónde nació Gabriel García Márquez?
5. ¿Dónde se encuentra Monterrey?
6. ¿Cuál es el lugar más seco del mundo?
7. ¿Cómo se llama la capital de Ecuador?
8. ¿Cuál es la montaña más alta de América del Sur?
9. ¿A qué país pertenece la Isla de Pascua?
10. ¿Cuál es la ciudad con mayor población de América del Sur?

© harvepino – Fotolia.com

Todos diferentes

Interkulturelles Lernen

Thema	Inklusion
Ziel/Kompetenzen	Argumente für das Zusammenleben unterschiedlicher Menschen in einer Gesellschaft sammeln
Lernjahr	ab 3
Dauer	ca. 15 Minuten
Sozialform	Kleingruppen
Material/Medien	1 Placemat-Vorlage für jede Kleingruppe
Vorbereitung	Kopieren Sie die Placemat-Vorlage (KV auf S. 90) einmal für jede Kleingruppe.

Beschreibung Schreiben Sie in Form eines stummen Impulses den Slogan „*Todos diferentes – todos iguales*" an die Tafel. In einem Brainstorming werden zunächst einige Ideen angestoßen. Lassen Sie diese unkommentiert und rufen Sie stattdessen zur Ausarbeitung mithilfe eines Placemats auf. Teilen Sie die Schüler dazu in Gruppen von vier Personen ein. Zunächst trägt jeder in einem Feld ein, was ihm zum Thema einfällt. Nach ca. zwei Minuten wird das Blatt gedreht, sodass jeder die Notizen eines Gruppenmitgliedes lesen und ggf. Fragen oder Anmerkungen ergänzen kann. Wenn das Blatt eine ganze Runde gemacht hat, notiert jeweils ein Schüler in der Mitte, was der Gruppe besonders wichtig erscheint.

Weiterführung Fordern Sie die Schüler dazu auf, im Internet nach Kampagnen zu diesem oder einem ähnlichen Slogan zu suchen und diese miteinander zu vergleichen. Es gilt dabei, herauszuarbeiten, inwiefern die Individualität der Mitmenschen unser Leben bereichert.

Variante Präsentieren Sie den Schülern eine Werbekampagne für Inklusion (z. B. auf https://www.youtube.com/watch?v=eQYP45Ul58w) mit dem Auftrag, Argumente für die Inklusion zu notieren.

Tipp Regen Sie die Schüler an, über weitere Aspekte nachzudenken, wenn beispielsweise die Integration von Einwanderern oder Menschen mit Behinderungen nicht genannt wird.

Reflexion Nehmt Stellung zu der Aussage *Todos diferentes – todos iguales*. Inwiefern spielt Inklusion auch in eurem Alltag eine Rolle?

Interkulturelles Lernen

Placemat

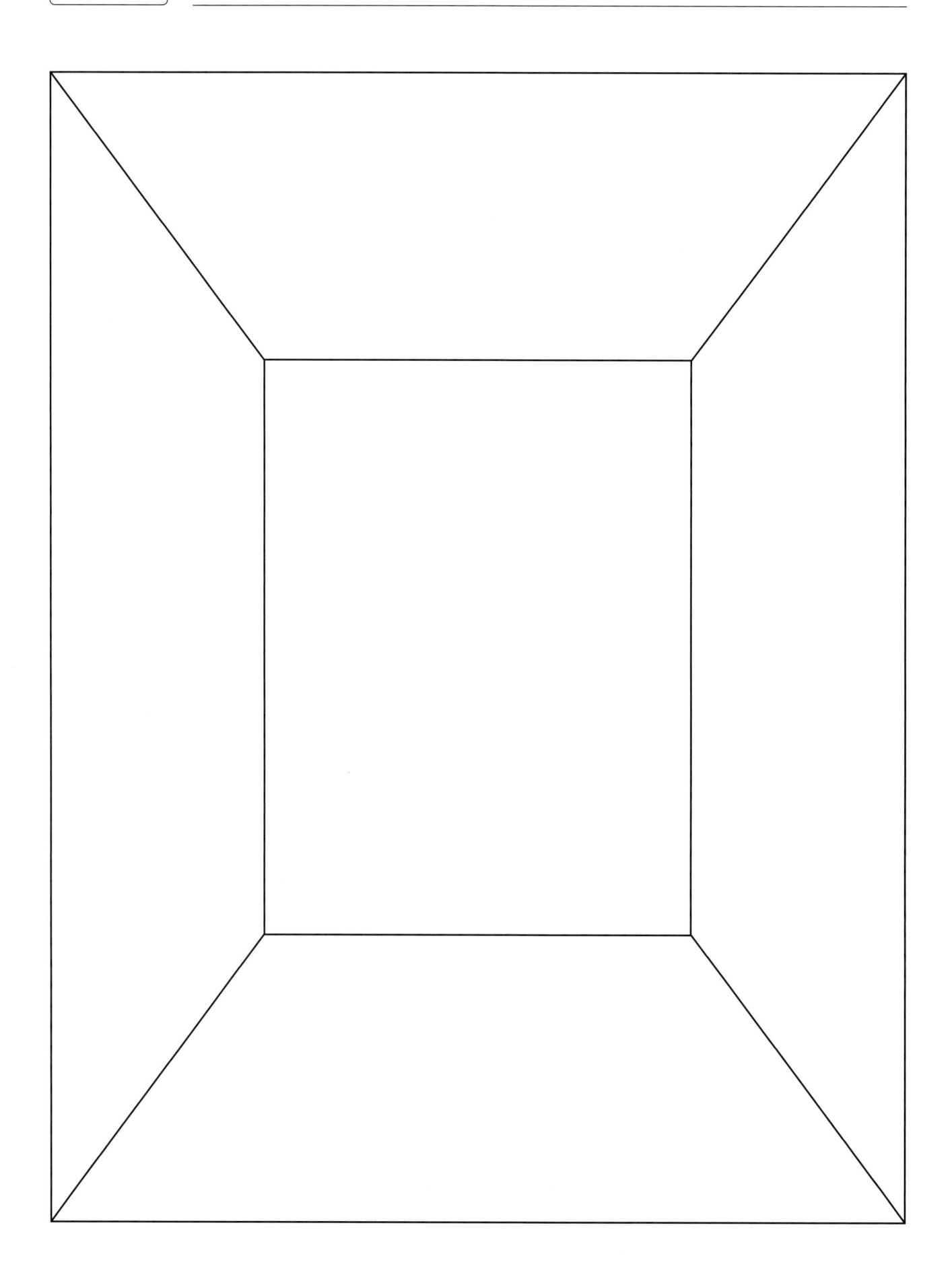

Perú

Interkulturelles Lernen

Thema	Geografie und Kultur Perus
Ziel/Kompetenzen	Vorwissen über Peru aktivieren
Lernjahr	ab 2
Dauer	10–15 Minuten
Sozialform	Kleingruppen
Material/Medien	Bildkärtchen zu Peru, Klebestreifen
Vorbereitung	Kopieren Sie die Bildkärtchen (KV auf S. 92), und laminieren Sie sie.

Beschreibung — Verteilen Sie die Bildkärtchen auf einem Tisch und fordern Sie die Schüler zur stillen Durchsicht auf. Hängen Sie die Bilder anschließend mittels Klebestreifen in der Klasse auf. Jeder Schüler begibt sich zu dem Bild seiner Wahl, um in Stichpunkten zu beschreiben, was dargestellt wird. Entscheiden Sie je nach Lernstand, ob Sie schwierige Vokabeln sowie Ausdrücke zur Bildbeschreibung vorentlasten. Die Schüler, die das gleiche Bild gewählt haben, tauschen sich jetzt in Kleingruppen über ihre Beobachtungen aus und stellen diese anschließend der Klasse vor.

Weiterführung — Die Schüler bereiten in Kleingruppen ein Kurzreferat über Peru vor: *Infórmate por internet sobre Perú. Expón la situación geográfica, los datos sobre la población, la cultura, etc. Presenta tus resultados en una breve ponencia ante la clase.*

Varianten
- Sowohl das Land als auch die Bilder lassen sich beliebig austauschen.
- Die Schüler können vorab zu Hause selbst Bilder auswählen, die ihrer Meinung nach exemplarisch für das Land sind.
- Die Schüler verfassen in Kleingruppen eine kurze Geschichte zu ihrem Bild.

Tipp — Das Material eignet sich auch für das Unterrichtsthema Bildbeschreibung.

Reflexion — Warum habt ihr ausgerechnet dieses Bild gewählt? Welche Ausdrücke sind für die Beschreibung eines Bildes wichtig?

Interkulturelles Lernen

Bildkärtchen Perú

Amazonas-Regenwald in Peru	Sonnenuntergang in den Anden
Machu Picchu	Peruanerin in traditioneller Kleidung
Alpacas in den Anden	Peruanische Familie
Lima	Plaza Mayor in Lima

Lösungen

Preposiciones (S. 55)

1. a
2. por
3. en
4. de
5. A
6. De
7. a
8. En
9. de
10. por
11. A
12. por
13. De
14. en

Variedades (S. 86)

A10	demá	catalán	morgen
B15	dorre	vasco	Turm
C9	benvinguts	catalán	willkommen
D11	formatge	catalán	Käse
E7	bo	gallego	gut
F2	falei	gallego	ich spreche
G5	errege	vasco	König
H8	unha	gallego	eine
I12	billa	gallego	Hahn
J3	ciutat	catalán	Stadt
K6	solpor	gallego	Sonne
L16	demanda	castellano	Nachfrage
M1	gosaldu	vasco	frühstücken
N13	compromiso	castellano	Engagement
O4	guión	castellano	Bindestrich
P14	kozinatu	vasco	kochen

Webquest (S. 88)

1. En Argentina viven casi 44 millones de habitantes.
2. Los idiomas oficiales en Perú son quechua, aymará (aimara) y español.
3. Es el Salto Ángel. Está en Venezuela y tiene una altura de 979 m.
4. Nació en Aracataca, Colombia.
5. Monterrey es una ciudad en el noreste de México.
6. Es el desierto de Atacama en Chile.
7. La capital de Ecuador se llama Quito.
8. Es la Aconcagua en Argentina con una altura de 6.962 m.
9. La Isla de Pascua pertenece a Chile.
10. Es São Paulo en Brasil con más de 10 millones de habitantes.

Medientipps

Literatur

Book, Britta:
Spiele zur Unterrichtsgestaltung. Spanisch.
Verlag an der Ruhr, 2017.
ISBN 978-3-8346-3549-5
→ Spontan einsetzbare Spielideen für den Spanischunterricht, die sowohl bei der Wortschatz- als auch bei der Grammatikarbeit und bei der Förderung kommunikativer Handlungsfähigkeit helfen können.

Harris, Bryan:
Mehr Motivation und Abwechslung im Unterricht.
99 Methoden zur Schüleraktivierung.
Verlag an der Ruhr, 2013.
ISBN 978-3-8346-2328-7
→ Sammlung mit variabel einsetzbaren Methoden für unterschiedliche Phasen des Unterrichts. Die Ideen für die Sekundarstufen I und II können Schüler in jedem Fach durch aktives Arbeiten motivieren.

Kolmer, Katrin:
Fundgrube Spanisch
Cornelsen Scriptor, 2009.
ISBN 978-3-589-22947-5
→ Eine praxisbezogene Sammlung von spielerischen Übungen für Schreib- und Sprechanreize im Spanischunterricht. Das Material für die Sekundarstufen I und II ist spontan einsetzbar und bezieht an vielen Stellen die neuen Medien mit ein.

Piel, Alexandra:
Sprache(n) lernen mit Methode.
170 Sprachspiele für den Deutsch- und Fremdsprachenunterricht.
Verlag an der Ruhr, 2002.
ISBN 978-3-8607-2740-9
→ Abwechslung im Unterricht durch Ideen für spielerisches Lernen von Vokabeln und Grammatik.
→ Sommerfeldt, s. rechts

Sommerfeldt, Kathrin:
Verfügen über die sprachlichen Mittel.
Spracharbeit in Zeiten der Kompetenzorientierung; in:
Der fremdsprachliche Unterricht Spanisch, Ausgabe 55, Friedrich Verlag 2016, S. 4–11.
→ Kritischer Artikel über die Konsequenzen der Kompetenzorientierung für den Spanischunterricht.

Medientipps

Thömmes, Arthur:
Produktive Unterrichtseinstiege
Verlag an der Ruhr, 2005
ISBN 978-3-8346-0022-6
→ Ratgeber und Methodensammlung mit 100 motivierenden Ideen für den Unterrichtseinstieg.

Internet

www.audacity.de
→ Nach dem kostenlosen Download können Sie mit diesem Audio-Editor Hörspiele oder Podcasts erstellen.

www.ine.es
→ offizielle Webseite des *Instituto Nacional de Estadística* mit aktuellen Studien zu diversen Themen, wie Wirtschaft, Demografie und Bildung

www.pixton.com/de
→ Nach der Registrierung können Sie mit diesem Comic-Editor online Comics erstellen.

www.ver-taal.com
→ umfangreiches Angebot zum Lernen von Grammatik, Wortschatz und Hörverstehen, dessen Übungen und Rätsel sofort im Spanischunterricht einsetzbar und auch als Einstieg motivierend sind

Weitere Informationen und Blick ins Buch unter **www.verlagruhr.de**

Verlag an der Ruhr
Keiner darf zurückbleiben

In die Klasse – fertig – los!
Fachunabhängige Vertretungsstunden (fast) ohne kopieren. Sekundarstufe I

Klasse 5–10, 112 S., A4, Paperback
Best.-Nr. 978-3-8346-2933-3

- Fächerunabhängige Ideensammlung für den Vertretungsunterricht
- Spontane Vertretungsstunden sinnvoll gestalten
- (Fast) alle Anregungen zum Sofort-Loslegen, ohne Kopieren

Lehrer coachen Schüler
Methoden und Arbeitsblätter zu Selbstreflexion, Persönlichkeitsentwicklung und positivem Denken

Klasse 5–10, 88 S., A4, Paperback
Best.-Nr. 978-3-8346-2752-0

- So werden Sie als Lehrer zum Coach – eine konkrete Anleitung
- Bewährte Methoden speziell auf Schule und Unterricht zugeschnitten
- Ausführliche Erläuterung mit Beispielen zum Unterrichtseinsatz

Schlüsselqualifikationen – Türöffner für die Zukunft
Übungen und Arbeitsblätter für Jugendliche

Klasse 5–10, 152 S., A4, Paperback
Best.-Nr. 978-3-8346-2780-3

- Das große Handbuch: Schlüsselqualifikationen von A bis Z
- Als Unterrichtseinheit oder einzeln einsetzbar
- Für die ganze Klasse oder als Coaching für einzelne Schüler

Mobbing und Cybermobbing
**wirksam vorbeugen und eingreifen
Arbeitsblätter für Jugendliche**

Klasse 5–10, 116 S., A4, Paperback
Best.-Nr. 978-3-8346-2932-6

- Fertige Unterrichtsmaterialien rund um Mobbing und Cybermobbing
- Vielfältige Arbeitsblätter zu allen wichtigen Aspekten
- Inklusive der Themen „sexting" und „happy slapping"
- Mit handlungsorientierten und kooperativen Methoden

Ganz verschieden ... und doch ein Team
100 Spiele für soziales Lernen in Regel- und Inklusionsklassen

9–19 Jahre, 248 S., 16 x 23 cm, Paperback
Best.-Nr. 978-3-8346-2287-7

- Bunte Mischung von praxiserprobten Spielen mit hohem Spaßfaktor zum sozialen Lernen
- Für alle Bereiche des sozialen Lernens
- Unaufwändige Spiele für alle Gruppen, Persönlichkeiten und Situationen
- Für inklusive Gruppen geeignet

Die große Spielesammlung für Schule und Jugendarbeit
300 Ideen für große und kleine Gruppen

Klasse 1–13, 248 S., 17 x 24 cm, Paperback
Best.-Nr. 978-3-8346-2634-9

- Riesiger Spiele-Fundus für jede Gruppengröße und alle Altersstufen
- Für jede Gelegenheit das richtige Spiel – in Schule und Jugendarbeit
- Schnelle Auswahl durch Auflistung, sowohl nach Spielekategorien als auch alphabetisch

Mehr Informationen unter: www.verlagruhr.de   Jetzt portofrei online bestellen! *
*gilt für alle Internetbestellungen innerhalb Deutschlands

Weitere Informationen und Blick ins Buch unter www.verlagruhr.de

Verlag an der Ruhr
Keiner darf zurückbleiben

Das Universal-Lesetagebuch für alle Englisch-Lektüren
Kopiervorlagen zur Texterschließung in der Sekundarstufe I

Klasse 5–10, 48 S., A4, Heft, mit editierbaren Word-Dateien auf CD-ROM
Best.-Nr. 978-3-8346-2767-4

- Vielfältige Arbeitsblätter – universell anwendbar auf alle Schullektüren
- Für kompetenzorientierte Lektürearbeit im Englischunterricht

Don't be shy – just try!
Dialogue cards for active English lessons

Klasse 5–6, 87 S., A4, Papphefter
Best.-Nr. 978-3-8346-0980-9

- Kleine Sprechimpulse, die die Schüler motivieren, sich frei in der Fremdsprache zu bewegen
- Kurze Dialoge mit lehrplanrelevanten Themen und Bezug zur Lebenswelt der Schüler
- 2-fache Differenzierung für heterogene Lerngruppen

Appetizer Englisch
Ideen und Materialien für themenorientierte Stundeneinstiege

Klasse 5–10, 96 S., A4, Paperback
Best.-Nr. 978-3-8346-2398-0

- Motivierende Unterrichtseinstiege jenseits des Schulbuchs, mit denen Sie die Aufmerksamkeit Ihrer Schüler sofort bekommen
- Für abwechslungsreiche Einstiege
- Nach Lehrplanthemen gegliedert
- Kaum Vorbereitungsaufwand

Move ya!
Grammatikspiele mit Bewegung für den Englischunterricht

Klasse 5–8, 96 S., 17 x 24 cm, Paperback
Best.-Nr. 978-3-8346-2399-7

- Besseres und zeitgemäßes Lernen durch Bewegung im Unterricht
- Alle Spiele flexibel und ohne große Vorbereitung einsetzbar
- Für kurze, aber effektive Trainingsphasen und mehr Abwechslung im Unterricht

30 x 45 Minuten Englisch
Fertige Stundenbilder für Highlights zwischendurch. Klasse 7–10

Klasse 7–10, 128 S., A4, Paperback
Best.-Nr. 978-3-8346-2517-5

- Fertig ausgearbeitete Stundenbilder für außergewöhnliche Unterrichtseinheiten sorgen für Highlights im Englischunterricht
- Die Kombination aus Stundenbeschreibung und einsatzfertigen Arbeitsblättern bietet komplette Unterrichtsstunden ohne große Vorbereitung

100 Methoden für den Englischunterricht
Ideen zur Förderung der mündlichen und schriftlichen Sprachkompetenz

Klasse 5–10, 256 S., 16 x 23 cm, Paperback, mit bearbeitbaren Word-Dateien zum Download
Best.-Nr. 978-3-8346-2275-4

- Umfangreiche Sammlung von praxiserprobten Methoden, Spielen und Strategien mit vielfältigen Einsatzmöglichkeiten
- Für einen spielerischen und kreativen Zugang zur Fremdsprache
- Schnell und flexibel einsetzbar

Mehr Informationen unter: www.verlagruhr.de Jetzt portofrei online bestellen!*

*gilt für alle Internetbestellungen innerhalb Deutschlands